AF274397

Luces de Bohemia

Plutón
Ediciones

COLECCIÓN
ETERNA

Luces de Bohemia

RAMÓN MARÍA DEL VALLE-INCLÁN

© Plutón Ediciones X, s. l., 2025

Diseño de cubierta: Alejandro Díaz
Maquetación: Saul Rojas

Edita: Plutón Ediciones X, s. l.,

          E-mail: contacto@plutonediciones.com
          http://www.plutonediciones.com

Impreso en España / Printed in Spain

I.S.B.N: 979-13-87692-13-1
Depósito Legal: B-6628-2025

ESTUDIO PRELIMINAR

Ramón María del Valle-Inclán nació un 28 de octubre de 1866 en Villanueva de Arosa, Pontevedra. Hijo de Ramón del Valle Bermúdez de Castro y Dolores de la Peña, su nombre de nacimiento fue Ramón José Simón, acompañado de los apellidos Valle y Peña. Desde bien pequeño tuvo a su disposición la biblioteca de su padre, que gozaba de una buena colección, y gracias a ello se puso en contacto con la literatura. Además, contó con un preceptor que le enseñaría gramática latina.

Con nueve años entraría en el Instituto de Segunda Enseñanza situado en Santiago y, más tarde, pasaría a un instituto de Pontevedra. Durante esta etapa leyó a Cervantes, a Quevedo y al vizconde de Chateaubriand, y conocería a Jesús Muruáis, que llegaría a ser una gran influencia y se convertiría en alguien decisivo en cuanto a su formación literaria posterior.

Acabó sus estudios de bachillerato en 1885 y ese mismo año, guiado por su padre, se matriculó en la Universidad de Santiago de Compostela para estudiar Derecho, con resultados más bien irregulares. Durante esta época, se dedicó a dar clases de latín para disponer de algo más de dinero, y frecuentaba más la biblioteca y los cafés que las aulas. Fue en este período en el que trabó amistad y conocería a quienes llegarían a ser grandes figuras de la política y cultura gallega.

En 1888 se matricularía en la Escuela de Artes y Oficios para estudiar Dibujo y adorno de figura, y pronto se convertiría en uno de los estudiantes más populares. Es entonces cuando empieza a publicar sus primeros escritos, primero en la revista *Café con gotas*, de Santiago de Compostela, y más tarde, en *La Ilustración Ibérica*, revista barcelonesa, con su cuento *A media noche*. José Zorrilla visitaría, por aquel entonces, la Universidad de Santiago de Compostela para dar una conferencia, misma a la que Valle-Inclán asistiría y de la que saldría profundamente impresionado. Aquí empezaría a arraigarse por completo su vocación literaria.

Tras la muerte de su padre en octubre de 1890, Valle-Inclán se vería liberado de la presión que este ejercía sobre él y abandonaría la carrera de Derecho, en la que llevaba cinco años metido sin conseguir pasar del tercer curso. Así pues, regresó a Pontevedra, con las miras puestas en Madrid.

Entre 1890 y 1893 realizó varios viajes a Madrid y México, regresó a Pontevedra en 1893 y, en 1895, volvió a la capital española y se estableció allí. Publicaría en 1894 su primer libro, una colección de relatos que llevaba por nombre *Femeninas (seis historias amorosas)* y que vio la luz gracias a un viejo amigo de su padre.

Al establecerse en Madrid por segunda vez, con un cargo funcionario del Estado, empieza a asistir a tertulias en las que coincide con varias figuras destacables de la época, tales como Azorín o Pío Baroja.

Durante varios años no publicó nada, y en 1899 tuvo una disputa con Manuel Bueno que llegó a las manos, causándole este una herida en la mano izquierda que más tarde haría que tuvieran que amputarle el brazo. A raíz de esto se olvidó por completo de la idea de ser actor, y se dedicó a la literatura.

Contraería matrimonio en 1907 con Josefina Blanco, con quien tendría seis hijos a lo largo de los siguientes quince años. Él siguió con su carrera literaria, publicando los siguientes años un sinfín de obras de teatro, narrativa y poesía. Viajó a Francia al estallar la Primera Guerra Mundial, invitado para ver el frente. Más tarde, sería invitado a ir a México por el presidente, para la celebración del centenario de su independencia.

En 1922 regresa a Madrid, participando nuevamente en las tertulias de los cafés y colaborando con diversas revistas. Su obra ya es ampliamente conocida en este momento.

En 1927 consigue un contrato editorial con la *Compañía Ibero-Americana de Publicaciones*, que le ofreció una gran suma de dinero por la explotación de su obra. El dinero, sin embargo, se acabaría al quebrar esta editorial en el 31 y esto hace pasar al matrimonio por serios problemas económicos que los hace pensar en el divorcio, que se acabaría llevando a cabo en 1932, quedando él a cargo de sus hijos medianos y ella con la custodia de la más pequeña.

Fallecería el 5 de enero de 1936, a la edad de 69 años.

LUCES DE BOHEMIA

Publicada originalmente en el semanario *España*, vio la luz entre el 31 de julio y el 23 de octubre de 1920. Es considerada una de sus obras de teatro más importantes y, con ella, Valle-Inclán inauguró un nuevo género teatral: el esperpento. Este género se caracteriza por deformar de manera sistemática la realidad, recargando los rasgos más grotescos a la par que se degradan los valores literarios, para ello se hace uso de un lenguaje coloquial lleno de cinismo.

La historia cuenta la vida de Max Estrella, un escritor ya anciano, ciego y enfermo que en algún punto gozó de cierta popularidad, pero del que ya nadie se acuerda. En su viaje por el Madrid de 1920 le acompaña don Latino de Hispalis. A lo largo de la obra se puede ver claramente cómo Valle-Inclán lanza una crítica social, política y cultural a una época más bien gris y fría en un país que ya no reconoce a las eminencias. La obra es una parábola de una España degradada y corrupta donde es imposible vivir con dignidad y donde la opresión al pueblo llano es el pan de cada día.

No es de extrañar, pues, que se haya convertido en un clásico indispensable de nuestra literatura.

Luces de Bohemia

Esperpento

DRAMATIS PERSONAE

MAX ESTRELLA, SU MUJER MADAME CO-
LLET Y SU HIJA CLAUDINITA.

DON LATINO DE HISPALIS.

ZARATUSTRA.

DON GAY.

UN PELÓN.

LA CHICA DE LA PORTERA.

PICA LAGARTOS.

UN COIME DE TABERNA.

ENRIQUETA LA PISA BIEN.

EL REY DE PORTUGAL.

UN BORRACHO.

DORIO DE GÁDEX, RAFAEL DE LOS VÉLEZ,
LUCIO VERO, MÍNGUEZ, GÁLVEZ, CLARI-
NITO Y PÉREZ, JÓVENES MODERNISTAS.

PITITO, CAPITÁN DE LOS ÉQUITES MUNI-
CIPALES.

UN SERENO.

LA VOZ DE UN VECINO.

DOS GUARDIAS DEL ORDEN.

SERAFÍN EL BONITO.

UN CELADOR.

UN PRESO.

EL PORTERO DE UNA REDACCIÓN.

DON FILIBERTO, REDACTOR EN JEFE.

EL MINISTRO DE LA GOBERNACIÓN.

DIEGUITO, SECRETARIO DE SU EXCELENCIA.

UN UJIER.

UNA VIEJA PINTADA Y LA LUNARES.

UN JOVEN DESCONOCIDO.

LA MADRE DEL NIÑO MUERTO.

EL EMPEÑISTA.

EL GUARDIA.

LA PORTERA.

UN ALBAÑIL.

UNA VIEJA.

LA TRAPERA.

EL RETIRADO, TODOS DEL BARRIO.

OTRA PORTERA.

UNA VECINA.

BASILIO SOULINAKE.

UN COCHERO DE LA FUNERARIA.

DOS SEPULTUREROS.

RUBÉN DARIO.

EL MARQUÉS DE BRADOMÍN.

EL POLLO DEL PAY-PAY.

LA PERIODISTA.

TURBAS, GUARDIAS, PERROS, GATOS, UN LORO.

*La acción en un Madrid absurdo,
brillante y hambriento*

Escena Primera

(HORA CREPUSCULAR. Un guardillón con ventano angosto, lleno de sol. Retratos, grabados, autógrafos repartidos por las paredes, sujetos con chinches de dibujante. Conversación lánguida de un hombre ciego y una mujer pelirrubia, triste y fatigada. El hombre ciego es un hiperbólico andaluz, poeta de odas y madrigales, Máximo Estrella. A la pelirrubia, por ser francesa, le dicen en la vecindad Madama Collet.)

MAX.— Vuelve a leerme la carta del Buey Apis.

MADAMA COLLET.— Ten paciencia, Max.

MAX.— Pudo esperar a que me enterrasen.

MADAMA COLLET.— Le toca ir delante.

MAX.— ¡Collet, mal vamos a vernos sin esas cuatro crónicas! ¿Dónde gano yo veinte duros, Collet?

MADAMA COLLET.— Otra puerta se abrirá.

MAX.— La de la muerte. Podemos suicidarnos colectivamente.

MADAMA COLLET.— A mí la muerte no me asusta. ¡Pero tenemos una hija, Max!

MAX.— ¿Y si Claudinita estuviese conforme con mi proyecto de suicidio colectivo?

MADAMA COLLET.— ¡Es muy joven!

MAX.— También se matan los jóvenes, Collet.

MADAMA COLLET.— No por cansancio de la vida. Los jóvenes se matan por romanticismo.

MAX.— Entonces, se matan por amar demasiado la vida. Es una lástima la obcecación de Claudinita. Con cuatro perras de carbón, podíamos hacer el viaje eterno.

MADAMA COLLET.— No desesperes. Otra puerta se abrirá.

MAX.— ¿En qué redacción me admiten ciego?

MADAMA COLLET.— Escribes una novela.

MAX.— Y no hallo editor.

MADAMA COLLET.— ¡Oh! No te pongas a gatas, Max. Todos reconocen tu talento.

MAX.— ¡Estoy olvidado! Léeme la carta del Buey Apis.

MADAMA COLLET.— No tomes ese caso por ejemplo.

MAX.— Lee.

MADAMA COLLET.— Es un infierno de letra.

MAX.— Lee despacio.

(Madama Collet, el gesto abatido y resignado, deletrea en voz baja la carta. Se oye fuera una escoba retozona. Suena la campanilla de la escalera.)

MADAMA COLLET.— Claudinita, deja quieta la escoba y mira quién ha llamado.

LA VOZ DE CLAUDINITA.— Siempre será don Latino.

MADAMA COLLET.— ¡Válgame Dios!

LA VOZ DE CLAUDINITA.— ¿Le doy con la puerta en las narices?

MADAMA COLLET.— A tu padre le distrae.

LA VOZ DE CLAUDINITA.— ¡Ya se siente el olor del aguardiente!

(Máximo Estrella se incorpora con un gesto animoso, esparcida sobre el pecho la hermosa barba con mechones de canas. Su cabeza rizada y ciega, de un gran carácter clásico-arcaico, recuerda los Hermes.)

MAX.— ¡Espera, Collet! ¡He recobrado la vista! ¡Veo! ¡Oh, cómo veo! ¡Magníficamente! ¡Está hermosa la Moncloa! ¡El único rincón francés en este páramo madrileño! ¡Hay que volver a París, Collet! ¡Hay que volver allá, Collet! ¡Hay que renovar aquellos tiempos!

MADAMA COLLET.— Estás alucinado, Max.

MAX.— ¡Veo, y veo magníficamente!

MADAMA COLLET.— ¿Pero qué ves?

MAX.— ¡El mundo!

MADAMA COLLET.— ¿A mí me ves?

MAX.— ¡Las cosas que toco, para qué necesito verlas!

MADAMA COLLET.— Siéntate. Voy a cerrar la ventana. Procura adormecerte.

MAX.— ¡No puedo!

MADAMA COLLET.— ¡Pobre cabeza!

MAX.— ¡Estoy muerto! Otra vez de noche.

(Se reclina en el respaldo del sillón. La mujer cierra la ventana, y la guardilla queda en una penumbra rayada de sol poniente. El ciego se adormece, y la mujer, sombra triste, se sienta en una silleta, haciendo pliegues a la carta del Buey Apis. Una mano cautelosa

empuja la puerta, que se abre con largo chirrido.
Entra un vejete asmático, quepis, anteojos, un perrillo
y una cartera con revistas ilustradas. Es don Latino de
Hispalis. Detrás, despeinada, en chancletas, la falda
pingona, aparece una mozuela: Claudinita.)

DON LATINO.— ¿Cómo están los ánimos del genio?

CLAUDINITA.— Esperando los cuartos de unos libros que se ha llevado un vivales para vender.

DON LATINO.— Niña, ¿no conoces otro vocabulario más escogido para referirte al compañero fraternal de tu padre, de ese hombre grande que me llama hermano? ¡Qué lenguaje, Claudinita!

MADAMA COLLET.— ¿Trae usted el dinero, don Latino?

DON LATINO.— Madama Collet, la desconozco, porque siempre ha sido usted una inteligencia razonadora. Max había dispuesto noblemente de ese dinero.

MADAMA COLLET.— ¿Es verdad, Max? ¿Es posible?

DON LATINO.— ¡No le saque usted de los brazos de Morfeo!

CLAUDINITA.— Papá, ¿tú qué dices?

MAX.— ¡Idos todos al diablo!

MADAMA COLLET.— ¡Oh, querido, con tus generosidades nos has dejado sin cena!

MAX.— Latino, eres un cínico.

CLAUDINITA.— Don Latino, si usted no apoquina, le araño.

DON LATINO.— Córtate las uñas, Claudinita.

CLAUDINITA.— Le arranco los ojos.

DON LATINO.— ¡Claudinita!

CLAUDINITA.— ¡Golfo!

DON LATINO.— Max, interpón tu autoridad.

MAX.— ¿Qué sacaste por los libros, Latino?

DON LATINO.— ¡Tres pesetas, Max! ¡Tres cochinas pesetas! ¡Una indignidad! ¡Un robo!

CLAUDINITA.— ¡No haberlos dejado!

DON LATINO.— Claudinita, en ese respecto te concedo toda la razón. Me han cogido de pipi. Pero aún se puede deshacer el trato.

MADAMA COLLET.— ¡Oh, sería bien!

DON LATINO.— Max, si te presentas ahora conmigo en la tienda de ese granuja y le armas un escándalo, le sacas hasta dos duros. Tú tienes otro empaque.

MAX.— Habría que devolver el dinero recibido.

DON LATINO.— Basta con hacer el ademán. Se juega de boquilla, maestro.

MAX.— ¿Tú crees?...

DON LATINO.— ¡Naturalmente!

MADAMA COLLET.— Max, no debes salir.

MAX.— El aire me refrescará. Aquí hace un calor de horno.

DON LATINO.— Pues en la calle corre fresco.

MADAMA COLLET.— ¡Vas a tomarte un disgusto sin conseguir nada, Max!

CLAUDINITA.— ¡Papá, no salgas!

MADAMA COLLET.— Max, yo buscaré alguna cosa que empeñar.

MAX.— No quiero tolerar ese robo. ¿A quién le has llevado los libros, Latino?

DON LATINO.— A Zaratustra.

MAX.— ¡Claudina, mi palo y mi sombrero!

CLAUDINITA.— ¿Se los doy, mamá?

MADAMA COLLET.— ¡Dáselos!

DON LATINO.— Madama Collet, verá usted qué faena.

CLAUDINITA.— ¡Golfo!

DON LATINO.— ¡Todo en tu boca es canción, Claudinita!

(Máximo Estrella sale apoyado en el hombro de don Latino. Madama Collet suspira apocada, y la hija, toda nervios, comienza a quitarse las horquillas del pelo.)

CLAUDINITA.— ¿Sabes cómo acaba todo esto? ¡En la taberna de Pica Lagartos!

ESCENA SEGUNDA

(LA CUEVA de Zaratustra en el Pretil de los Consejos. Rimeros de libros hacen escombro y cubren las paredes. Empapelan los cuatro vidrios de una puerta cuatro cromos espeluznantes de un novelón por entregas. En la cueva hacen tertulia el gato, el loro, el can y el librero. Zaratustra, abichado y giboso —la cara de tocino rancio y la bufanda de verde serpiente— promueve, con su caracterización de fantoche, una aguda y dolorosa disonancia muy emotiva y muy moderna. Encogido en el roto pelote de una silla enana, con los pies entrapados y cepones en la tarima del brasero, guarda la tienda. Un ratón saca el hocico intrigante por un agujero.)

ZARATUSTRA.— ¡No pienses que no te veo, ladrón!

EL GATO.— ¡Fu! ¡Fu! ¡Fu!

EL CAN.— ¡Guau!

EL LORO.— ¡Viva España!

(Están en la puerta Max Estrella y don Latino de Hispalis. El poeta saca el brazo por entre los pliegues

de su capa y lo alza majestuoso, en un ritmo
con su clásica cabeza ciega.)

MAX.— ¡Mal Polonia recibe a un extranjero!

ZARATUSTRA.— ¿Qué se ofrece?

MAX.— Saludarte, y decirte que tus tratos no me convienen.

ZARATUSTRA.— Yo nada he tratado con usted.

MAX.— Cierto. Pero has tratado con mi intendente, don Latino de Hispalis.

ZARATUSTRA.— ¿Y ese sujeto de qué se queja? ¿Era mala la moneda?

(Don Latino interviene con ese matiz del perro
cobarde que da su ladrido entre las piernas del dueño.)

DON LATINO.— El maestro no está conforme con la tasa y deshace el trato.

ZARATUSTRA.— El trato no puede deshacerse. Un momento antes que hubieran llegado... Pero ahora es imposible: todo el atadijo, conforme estaba, acabo de venderlo ganando dos perras. Salir el comprador, y entrar ustedes.

*(El librero, al tiempo que habla, recoge el atadijo
que aún está encima del mostrador y penetra en la
lóbrega trastienda, cambiando una seña
con don Latino. Reaparece.)*

DON LATINO.— Hemos perdido el viaje. Este zorro sabe más que nosotros, maestro.

MAX.— Zaratustra, eres un bandido.

ZARATUSTRA.— Esas, don Max, no son apreciaciones convenientes.

MAX.— Voy a romperte la cabeza.

ZARATUSTRA.— Don Max, respete usted sus laureles.

MAX.— ¡Majadero!

*(Ha entrado en la cueva un hombre alto, flaco, tostado
del sol. Viste un traje de antiguo voluntario cubano,
calza alpargates abiertos de caminante, y se cubre con
una gorra inglesa. Es el extraño don Peregrino Gay,
que ha escrito la crónica de su vida andariega en un
rancio y animado castellano, trastocándose el nombre
en don Gay Peregrino. —Sin pasar de la puerta,
saluda jovial y circunspecto.)*

DON GAY.— *¡Salutem plurimam!*

ZARATUSTRA.— ¿Cómo le ha ido por esos mundos, don Gay?

DON GAY.— Tan guapamente.

DON LATINO.— ¿Por dónde has andado?

DON GAY.— De Londres vengo.

MAX.— ¿Y viene usted de tan lejos a que lo desuelle Zaratustra?

DON GAY.— Zaratustra es un buen amigo.

ZARATUSTRA.— ¿Ha podido usted hacer el trabajo que deseaba?

DON GAY.— Cumplidamente. Ilustres amigos, en dos meses me he copiado en la Biblioteca Real el único ejemplar existente del *Palmerín de Constantinopla*.

MAX.— ¿Pero, ciertamente, viene usted de Londres?

DON GAY.— Allí estuve dos meses.

DON LATINO.— ¿Cómo queda la familia real?

DON GAY.— No los he visto en el muelle. Maestro, ¿usted conoce la Babilonia londinense?

MAX.— Sí, don Gay.

(Zaratustra entra y sale en la trastienda con una vela

encendida. La palmatoria pringosa tiembla en la mano del fantoche. Camina sin ruido, con andar entrapado. La mano, calzada con mitón negro, pasea la luz por los estantes de libros. Media cara en reflejo y media en sombra. Parece que la nariz se le dobla sobre una oreja. El loro ha puesto el pico bajo el ala. Un retén de polizontes pasa con un hombre maniatado. Sale alborotando el barrio un chico pelón montado en una caña, con una bandera.)

EL PELÓN.— ¡Vi-va-Es-pa-ña!

EL CAN.— ¡Guau! ¡Guau!

ZARATUSTRA.— ¡Está buena España!

(Ante el mostrador, los tres visitantes, reunidos como tres pájaros en una rama, ilusionados y tristes, divierten sus penas en un coloquio de motivos literarios. Divagan ajenos al tropel de polizontes, al viva del pelón, al gañido del perro, y al comentario apesadumbrado del fantoche que los explota. Eran intelectuales sin dos pesetas.)

DON GAY.— Es preciso reconocerlo. No hay país comparable a Inglaterra. Allí el sentimiento religioso tiene tal decoro, tal dignidad, que indudablemente las más honorables familias, son las más religiosas. Si España alcanzase un más alto concepto religioso, se salvaba.

MAX.— ¡Recémosle un réquiem! Aquí los puritanos de conducta son los demagogos de la extrema izquierda. Acaso nuevos cristianos, pero todavía sin saberlo.

DON GAY.— Señores míos, en Inglaterra me he convertido al dogma iconoclasta, al cristianismo de oraciones y cánticos, limpio de imágenes milagreras. ¡Y ver la idolatría de este pueblo!

MAX.— España, en su concepción religiosa, es una tribu del centro de África.

DON GAY.— Maestro, tenemos que rehacer el concepto religioso en el arquetipo del Hombre-Dios. Hacer la Revolución Cristiana, con todas las exageraciones del Evangelio.

DON LATINO.— Son más que las del compañero Lenin.

ZARATUSTRA.— Sin religión no puede haber buena fe en el comercio.

DON GAY.— Maestro, hay que fundar la Iglesia Española Independiente.

MAX.— Y la Sede Vaticana, El Escorial.

DON GAY.— ¡Magnífica Sede!

MAX.— Berroqueña.

DON LATINO.— Ustedes acabarán profesando en la Gran Secta Teosófica. Haciéndose iniciados de la sublime doctrina.

MAX.— Hay que resucitar a Cristo.

DON GAY.— He caminado por todos los caminos del mundo, y he aprendido que los pueblos más grandes no se constituyeron sin una Iglesia Nacional. La creación política es ineficaz si falta una conciencia religiosa con su ética superior a las leyes que escriben los hombres.

MAX.— Ilustre don Gay, de acuerdo. La miseria del pueblo español, la gran miseria moral, está en su chabacana sensibilidad ante los enigmas de la vida y de la muerte. La Vida es un magro puchero; la Muerte, una carantoña ensabanada que enseña los dientes; el Infierno, un calderón de aceite albando donde los pecadores se achicharran como boquerones; el Cielo, una kermés sin obscenidades, a donde, con permiso del párroco, pueden asistir las Hijas de María. Este pueblo miserable transforma todos los grandes conceptos en un cuento de beatas costureras. Su religión es una chochez de viejas que disecan al gato cuando se les muere.

ZARATUSTRA.— Don Gay, ¿y qué nos cuenta usted de esos marimachos que llaman sufragistas?

DON GAY.— Que no todas son marimachos. Ilustres amigos, ¿saben ustedes cuánto me costaba la vida en Londres? Tres peniques, una equivalencia de cuatro perras. Y estaba muy bien, mejor que aquí en una casa de tres pesetas.

DON LATINO.— Max, vámonos a morir a Inglaterra. Apúnteme usted las señas de ese gran hotel, don Gay.

DON GAY.— Saint James Square. ¿No caen ustedes? El Asilo de Reina Elisabeth. Muy decente. Ya digo, mejor que aquí una casa de tres pesetas. Por la mañana, té con leche, pan untado de mantequilla. El azúcar algo escaso. Después, en la comida, un potaje de carne. Alguna vez arenques. Queso, té... Yo solía pedir un boc de cerveza, y me costaba diez céntimos. Todo muy limpio. Jabón y agua caliente para lavatorios, sin tasa.

ZARATUSTRA.— Es verdad que se lavan mucho los ingleses. Lo tengo advertido. Por aquí entran algunos, y se les ve muy refregados. Gente de otros países, que no siente el frío, como nosotros los naturales de España.

DON LATINO.— Lo dicho. Me traslado a Inglaterra. Don Gay, ¿cómo no te has quedado tú en ese paraíso?

DON GAY.— Porque soy reumático, y me hace falta el sol de España.

ZARATUSTRA.— Nuestro sol es la envidia de los extranjeros.

MAX.— ¿Qué sería de este corral nublado? ¿Qué seríamos los españoles? Acaso más tristes y menos coléricos... Quizá un poco más tontos... Aunque no lo creo.

(Asoma la chica de una portera. —Trenza en perico, caídas calcetas, cara de hambre.)

LA CHICA.— ¿Ha salido esta semana entrega d'*El hijo de la difunta*?

ZARATUSTRA.— Se está repartiendo.

LA CHICA.— ¿Sabe usted si al fin se casa Alfredo?

DON GAY.— ¿Tú qué deseas, pimpollo?

LA CHICA.— A mí plin. Es doña Loreta, la del coronel, quien lo pregunta.

ZARATUSTRA.— Niña, dile a esa señora que es un secreto lo que hacen los personajes de las novelas. Sobre todo en punto de muertes y casamientos.

MAX.— Zaratustra, ándate con cuidado que te lo van a preguntar de Real Orden.

ZARATUSTRA.— Estaría bueno que se divulgase el misterio. Pues no habría novela.

(Escapa la chica salvando los charcos con sus patas de caña. El peregrino ilusionado, en un rincón, conferencia con Zaratustra. Máximo Estrella y don Latino se orientan a la taberna de Pica Lagartos, que tiene su clásico laurel en la calle de la Montera.)

ESCENA TERCERA

(LA TABERNA DE PICA LAGARTOS: Luz de ace-
tileno. Mostrador de cinc. Zaguán oscuro con mesas y
banquillos. Jugadores de mus. Borrosos diálogos. —
Máximo Estrella y don Latino de Hispalis, sombras en
las sombras de un rincón, se regalan con sendos quinces
de morapio.)

EL CHICO DE LA TABERNA.— Don Max, ha
venido buscándole la Marquesa del Tango.

UN BORRACHO.— ¡Miau!

MAX.— No conozco a esa dama.

EL CHICO DE LA TABERNA.— Enriqueta la Pisa
Bien.

DON LATINO.— ¿Y desde cuándo titula esa golfa?

EL CHICO DE LA TABERNA.— Desque heredó
del finado difunto de su papá, que *entodavía* vive.

DON LATINO.— ¡Mala sombra!

MAX.— ¿Ha dicho si volvería?

EL CHICO DE LA TABERNA.— Entró, miró,

preguntó y se fue rebotada, torciendo la gaita. ¡Ya la tiene usted en la puerta!

(Enriqueta la Pisa Bien, una mozuela golfa, revenida de un ojo, periodista y florista, levantaba el cortinillo de verde sarga, sobre su endrina cabeza, adornada de peines gitanos.)

LA PISA BIEN.— ¡La vara de nardos! ¡La vara de nardos! Don Max, traigo para usted un memorial de mi mamá: está enferma y necesita la luz del décimo que le ha fiado.

MAX.— Le devuelves el décimo y le dices que se vaya al infierno.

LA PISA BIEN.— De su parte, caballero. ¿Manda usted algo más?

(El ciego saca una vieja cartera y, tanteando los papeles con aire vago, extrae el décimo de la lotería y lo arroja sobre la mesa. Queda abierto entre los vasos de vino, mostrando el número bajo el parpadeo azul del acetileno. La Pisa Bien se apresura a echarle la zarpa.)

DON LATINO.— ¡Ese número sale premiado!

LA PISA BIEN.— Don Max desprecia el dinero.

EL CHICO DE LA TABERNA.— No le deje usted irse, don Max.

MAX.— Niño, yo hago lo que me da la gana. Pídele para mí la petaca al amo.

EL CHICO DE LA TABERNA.— Don Max, es un capicúa de sietes y cincos.

LA PISA BIEN.— ¡Que tiene premio, no falla! Pero es menester apoquinar tres melopeas, y este caballero está afónico. Caballero, me retiro saludándole. Si quiere usted un nardo, se lo regalo.

MAX.— Estate ahí.

LA PISA BIEN.— Me espera un cabrito viudo.

MAX.— Que se aguante. Niño, ve a colgarme la capa.

LA PISA BIEN.— Por esa pañosa no dan ni los buenos días. Pídale usted las tres beatas a Pica Lagartos.

EL CHICO DE LA TABERNA.— Si usted le da coba, las tiene en la mano. Dice que es usted segundo Castelar.

MAX.— Dobla la capa, y ahueca.

EL CHICO DE LA TABERNA.— ¿Qué pido?

MAX.— Toma lo que quieran darte.

LA PISA BIEN.— ¡Si no la reciben!

DON LATINO.— Calla, mala sombra.

MAX.— Niño, huye veloz.

EL CHICO DE LA TABERNA.— Como la corza herida, don Max.

MAX.— Eres un clásico.

LA PISA BIEN.— Si no te admiten la prenda, dices que es de un poeta.

DON LATINO.— El primer poeta de España.

EL BORRACHO.— ¡Cráneo *previlegiado*!

MAX.— Yo nunca tuve talento. ¡He vivido siempre de un modo absurdo!

DON LATINO.— No has tenido el talento de saber vivir.

MAX.— Mañana me muero, y mi mujer y mi hija se quedan haciendo cruces en la boca.

(Tosió cavernoso, con las barbas estremecidas, y en los ojos ciegos un vidriado triste, de alcohol y de fiebre.)

DON LATINO.— No has debido quedarte sin capa.

LA PISA BIEN.— Y ese trasto ya no parece. Siquiera, convide usted, don Max.

MAX.— Tome usted lo que guste, Marquesa.

LA PISA BIEN.— Una copa de Rute.

DON LATINO.— Es la bebida elegante.

LA PISA BIEN.— ¡Ay! Don Latino, por algo es una la morganática del Rey de Portugal. Don Max, no puedo detenerme, que mi esposo me hace señas desde la acera.

MAX.— Invítale a pasar.

(Un golfo largo y astroso, que vende periódicos, ríe asomado a la puerta, y como perro que se espulga, se sacude con jaleo de hombros, la cara en una gran risa de viruelas. Es el Rey de Portugal, que hace las bellaquerías con Enriqueta la Pisa Bien, Marquesa del Tango.)

LA PISA BIEN.— ¡Pasa, Manolo!

EL REY DE PORTUGAL.— Sal tú fuera.

LA PISA BIEN.— ¿Es que temes perder la corona? ¡Entra de incógnito, so pelma!

EL REY DE PORTUGAL.— Enriqueta, a ver si te despeino.

LA PISA BIEN.— ¡Filfa!

EL REY DE PORTUGAL.— ¡Consideren ustedes que me llama Rey de Portugal para significar que no valgo un chavo! Argumentos de esta golfa desde que fue a Lisboa y se ha enterado del valor de la moneda. Yo, para servir a ustedes, soy Gorito, y no está medio bien que mi morganática me señale por el alias.

LA PISA BIEN.— ¡Calla, chalado!

EL REY DE PORTUGAL.— ¿Te caminas?

LA PISA BIEN.— Aguarda que me beba una copa de Rute. Don Max me la paga.

EL REY DE PORTUGAL.— ¿Y qué tienes que ver con ese poeta?

LA PISA BIEN.— Colaboramos.

EL REY DE PORTUGAL.— Pues despacha.

LA PISA BIEN.— En cuanto me la mida Pica Lagartos.

PICA LAGARTOS.— ¿Qué has dicho tú, so golfa?

LA PISA BIEN.— ¡Perdona, rico!

PICA LAGARTOS.— Venancio me llamo.

LA PISA BIEN.— ¡Tienes un nombre de novela! Anda, mídeme una copa de Rute, y dale a mi esposo un vaso de agua, que está muy acalorado.

MAX.— Venancio, no vuelvas a compararme con Castelar. ¡Castelar era un idiota! Dame otro quince.

DON LATINO.— Me adhiero a lo del quince y a lo de Castelar.

PICA LAGARTOS.— Son ustedes unos doctrinarios. Castelar representa una gloria nacional de España. Ustedes acaso no sepan que mi padre lo sacaba diputado.

LA PISA BIEN.— ¡Hay que ver!

PICA LAGARTOS.— Mi padre era el barbero de don Manuel Camo. ¡Una gloria nacional de Huesca!

EL BORRACHO.— ¡Cráneo *previlegiado*!

PICA LAGARTOS.— Cállate la boca, Zacarías.

EL BORRACHO.— ¡Acaso falto!

PICA LAGARTOS.— ¡Pudieras!

EL BORRACHO.— Tiene mucha educación servidorcito.

LA PISA BIEN.— ¡Como que ha salido usted del Colegio de los Escolapios! ¡Se educó usted con mi papá!

EL BORRACHO.— ¿Quién es tu papá?

LA PISA BIEN.— Un diputado.

EL BORRACHO.— Yo he recibido educación en el extranjero.

LA PISA BIEN.— ¿Viaja usted de incógnito? ¿Por un casual, será usted don Jaime?

EL BORRACHO.— ¡Me has sacado por la fotografía!

LA PISA BIEN.— ¡Naturaca! ¿Y va usted sin una flor en la solapa?

EL BORRACHO.— Ven tú a ponérmela.

LA PISA BIEN.— Se la pongo a usted y le obsequio con ella.

EL REY DE PORTUGAL.— ¡Hay que ser caballero, Zacarías! ¡Y hay que mirarse mucho, soleche, antes de meter mano! La Enriqueta es cosa mía.

LA PISA BIEN.— ¡Calla, bocón!

EL REY DE PORTUGAL.— ¡Soleche, no seas tú provocativa!

LA PISA BIEN.— No introduzcas tú la pata, pelmazo.

(El chico de la taberna entra con azorado sofoco, atado a la frente un pañuelo con roeles de sangre. Una ráfaga de emoción mueve caras y actitudes, todas las figuras en su diversidad, pautan una misma norma.)

EL CHICO DE LA TABERNA.— ¡Hay carreras por las calles!

EL REY DE PORTUGAL.— ¡Viva la huelga de proletarios!

EL BORRACHO.— ¡Chócala! Anoche lo hemos

decidido por votación en la Casa del Pueblo.

LA PISA BIEN.— ¡Crispín, te alcanzó un cate!

EL CHICO DE LA TABERNA.— ¡Un marica de la Acción Ciudadana!

PICA LAGARTOS.— ¡Niño, sé bien hablado! El propio republicanismo reconoce que la propiedad es sagrada. La Acción Ciudadana está integrada por patronos de todas circunstancias, y por los miembros varones de sus familias. ¡Hay que saber lo que se dice!

(Grupos vocingleros corren por el centro de la calle, con banderas enarboladas. Entran en la taberna obreros golfantes —blusa, bufanda y alpargata—, y mujeronas encendidas, de arañada greña.)

EL REY DE PORTUGAL.— ¡Enriqueta, me hierve la sangre! Si tú no sientes la política, puedes quedarte.

LA PISA BIEN.— So pelma, yo te sigo a todas partes. ¡Enfermera Honoraria de la Cruz Colorada!

PICA LAGARTOS.— ¡Chico, baja el cierre! Se invita a salir al que quiera jaleo.

(La florista y el coime salen empujándose, revueltos

con otros parroquianos. *Corren por la calle tropeles de obreros. Resuena el golpe de muchos cierres metálicos.)*

EL BORRACHO.— ¡Vivan los héroes del Dos de Mayo!

DON LATINO.— ¡Niño, qué dinero te han dado?

EL CHICO DE LA TABERNA.— ¡Nueve pesetas!

MAX.— Cóbrate, Venancio. ¡Y tú, trae el décimo, Marquesa!

DON LATINO.— ¡Voló esa pájara!

MAX.— ¡Se lleva el sueño de mi fortuna! ¿Dónde daríamos con esa golfa?

PICA LAGARTOS.— Esa ya no se aparta del tumulto.

EL CHICO DE LA TABERNA.— Recala en la Modernista.

MAX.— Latino, préstame tus ojos para buscar a la Marquesa del Tango.

DON LATINO.— Max, dame la mano.

EL BORRACHO.— ¡Cráneo *previlegiado!*

UNA VOZ.— ¡Mueran los maricas de la Acción Ciudadana! ¡Abajo los ladrones!

ESCENA CUARTA

(*NOCHE. Máximo Estrella y don Latino de Hispalis tambalean asidos del brazo por una calle enarenada y solitaria. Faroles rotos, cerradas todas, ventanas y puertas. En la llama de los faroles un igual temblor verde y macilento. La luna sobre el alero de las casas, partiendo la calle por medio. De tarde en tarde el asfalto sonoro. Un trote épico. Soldados romanos. Sombras de guardias. —Se extingue el eco de la patrulla—. La Buñolería Modernista entreabre su puerta, y una banda de luz parte la acera. Max y don Latino, borrachos lunáticos, filósofos peripatéticos, bajo la línea luminosa de los faroles, caminan y tambalean.*)

MAX.— ¿Dónde estamos?

DON LATINO.— Esta calle no tiene letrero.

MAX.— Yo voy pisando vidrios rotos.

DON LATINO.— No ha hecho mala cachiza el honrado pueblo.

MAX.— ¿Qué rumbo consagramos?

DON LATINO.— Déjate guiar.

MAX.— Condúceme a casa.

DON LATINO.— Tenemos abierta La Buñolería Modernista.

MAX.— De rodar y beber estoy muerto.

DON LATINO.— Un café de recuelo te integra.

MAX.— Hace frío, Latino.

DON LATINO.— ¡Corre un cierto gris!...

MAX.— Préstame tu macferlán.

DON LATINO.— ¡Te ha dado el delirio poético!

MAX.— ¡Me quedé sin capa, sin dinero y sin lotería!

DON LATINO.— Aquí hacemos la captura de la niña Pisa Bien.

(La niña Pisa Bien, despintada, pingona, marchita, se materializa bajo un farol con su pregón de golfa madrileña.)

LA PISA BIEN.— ¡5.775! ¡El número de la suerte! ¡Mañana sale! ¡Lo vendo! ¡Lo vendo! ¡5.775!

DON LATINO.— ¡Acudes al reclamo!

LA PISA BIEN.— Y le convido a usted a un café de recuelo.

DON LATINO.— Gracias, preciosidad.

LA PISA BIEN.— Y a don Max, a lo que guste. ¡Ya nos *ajuntamos* los tres tristes trogloditas! Don Max, yo por usted hago la jarra, y muy honrada.

MAX.— Dame el décimo y vete al infierno.

LA PISA BIEN.— Don Max, por adelantado decláreme usted en secreto si cameló las tres beatas y si las lleva en el portamonedas.

MAX.— ¡Pareces hermana de Romanones!

LA PISA BIEN.— ¡Quién tuviera los miles de ese pirante!

DON LATINO.— ¡Con solo la renta de un día, yo me contentaba!

MAX.— La revolución es aquí tan fatal como en Rusia.

DON LATINO.— ¡Nos moriremos sin verla!

MAX.— Pues viviremos muy poco.

LA PISA BIEN.— ¿Ustedes bajaron hasta la Cibeles? Allí ha sido la faena entre los manifestantes y los Polis Honorarios. A alguno le hemos dado mulé.

DON LATINO.— Todos los amarillos debían ser arrastrados.

LA PISA BIEN.— ¡Conforme! Y aquel momento que usted no tenga ocupaciones urgentes, nos ponemos a ello, don Latino.

MAX.— Dame ese capicúa, Enriqueta.

LA PISA BIEN.— Venga el parné, y tenga usted su suerte.

MAX.— La propina, cuando cobre el premio.

LA PISA BIEN.— ¡No mira eso la Enriqueta!

(La buñolería entreabre su puerta, y del antro apestoso de aceite van saliendo deshilados, uno a uno, en fila india, los Epígonos del Parnaso Modernista: Rafael de los Vélez, Dorio de Gádex, Lucio Vero, Mínguez, Gálvez, Clarinito y Pérez. —Unos son largos, tristes y flacos, otros vivaces, chaparros y carillenos—. Dorio de Gádex, jovial como un trasgo, irónico como un ateniense, ceceoso como un cañí, mima su saludo versallesco y grotesco.)

DORIO DE GÁDEX.— ¡Padre y maestro mágico, salud!

MAX.— ¡Salud, don Dorio!

DORIO DE GÁDEX.— ¡Maestro, usted no ha temido el rebuzno libertario del honrado pueblo!

MAX.— ¡El épico rugido del mar! ¡Yo me siento pueblo!

DORIO DE GÁDEX.— ¡Yo, no!

MAX.— ¡Porque eres un botarate!

DORIO DE GÁDEX.— ¡Maestro, pongámonos el traje de luces de la cortesía! ¡Maestro, usted tampoco se siente pueblo! Usted es un poeta, y los poetas somos aristocracia. Como dice Ibsen, las multitudes y las montañas se unen siempre por la base.

MAX.— ¡No me aburras con Ibsen!

PÉREZ.— ¿Se ha hecho usted crítico de teatros, don Max?

DORIO DE GÁDEX.— ¡Calla, Pérez!

DON LATINO.— Aquí solo hablan los genios.

MAX.— Yo me siento pueblo. Yo había nacido para ser tribuno de la plebe, y me acanallé perpetrando traducciones y haciendo versos. ¡Eso sí, mejores que los hacéis los modernistas!

DORIO DE GÁDEX.— Maestro, preséntese usted a un sillón de la Academia.

MAX.— No lo digas en burla, idiota. ¡Me sobran méritos! Pero esa prensa miserable me boicotea. Odian mi rebeldía y odian mi talento. Para medrar hay que ser agradador de todos los Segismundos. ¡El Buey Apis me despide como a un criado! ¡La Academia me ignora! ¡Y soy el primer poeta de España! ¡El primero! ¡El primero! ¡Y ayuno! ¡Y no me humillo pidiendo limosna! ¡Y no me parte un rayo! ¡Yo soy el verdadero inmortal, y no esos cabrones del cotarro académico! ¡Muera Maura!

LOS MODERNISTAS.— ¡Muera! ¡Muera! ¡Muera!

CLARINITO.— Maestro, nosotros los jóvenes impondremos la candidatura de usted para un sillón de la Academia.

DORIO DE GÁDEX.— Precisamente ahora está vacante el sillón de don Benito el Garbancero.

MAX.— Nombrarán al sargento Basallo.

DORIO DE GÁDEX.— ¡Maestro, usted conoce los Nuevos Gozos del *Enano de la Venta*? ¡Un jefe de obra! Ayer de madrugada los cantamos en la Puerta del Sol. ¡El éxito de la temporada!

CLARINITO.— ¡Con decir que salió el retén de Gobernación!

LA PISA BIEN.— ¡Ni Rafael el Gallo!

DON LATINO.— Deben ustedes ofrecerle una audición al maestro.

DORIO DE GÁDEX.— Don Latino, ni una palabra más.

PÉREZ.— Usted cantará con nosotros, don Latino.

DON LATINO.— Yo doy una nota más baja que el cerdo.

DORIO DE GÁDEX.— Usted es un clásico.

DON LATINO.— ¿Y qué hace un clásico en el tropel de ruiseñores modernistas? ¡Niños, a ello!

(Dorio de Gádex, feo, burlesco y chepudo, abre los brazos, que son como alones sin plumas en el claro lunero.)

DORIO DE GÁDEX.— El *Enano de la Venta*.

CORO DE MODERNISTAS.— ¡Cuenta! ¡Cuenta! ¡Cuenta!

DORIO DE GÁDEX.— Con bravatas de valiente.

CORO DE MODERNISTAS.— ¡Miente! ¡Miente! ¡Miente!

DORIO DE GÁDEX.— Quiere gobernar la Harca.

CORO DE MODERNISTAS.— ¡Charca! ¡Charca! ¡Charca!

DORIO DE GÁDEX.— Y es un Tartufo Malsín.

CORO DE MODERNISTAS.— ¡Sin! ¡Sin! ¡Sin!

DORIO DE GÁDEX.— Sin un adarme de seso.

CORO DE MODERNISTAS.— ¡Eso! ¡Eso! ¡Eso!

DORIO DE GÁDEX.— Pues tiene hueca la bola.

CORO DE MODERNISTAS.— ¡Chola! ¡Chola! ¡Chola!

DORIO DE GÁDEX.— Pues tiene la chola hueca.

CORO DE MODERNISTAS.— ¡Eureka! ¡Eureka! ¡Eureka!

(Gran interrupción. Un trote épico, y la patrulla de soldados romanos desemboca por una calle traviesa. Traen la luna sobre los cascos y en los charrascos. Suena un toque de atención, y se cierra con golpe pronto la puerta de la buñolería. Pitito, capitán de los équites municipales, se levanta sobre los estribos.)

EL CAPITÁN PITITO.— ¡Mentira parece que sean ustedes intelectuales y que promuevan estos escándalos! ¿Qué dejan ustedes para los analfabetos?

MAX.— ¡Eureka! ¡Eureka! ¡Eureka! ¡Pico de oro! En griego, para mayor claridad, crisóstomo. ¡Señor Centurión, usted hablará el griego en sus cuatro dialectos!

EL CAPITÁN PITITO.— ¡Por borrachín, a la Delega!

MAX.— Y más chulo que un ocho. Señor Centurión, yo también chanelo el *sermo vulgaris!*

EL CAPITÁN PITITO.— ¡Serenooo!... ¡Serenooo!...

EL SERENO.— ¡Vaaa!...

EL CAPITÁN PITITO.— ¡Encárguese usted de este curda!

(Llega el sereno meciendo a compás el farol y el chuzo. Jadeos y vahos de aguardiente. El capitán Pitito revuelve el caballo: vuelan chispas de las herraduras. Resuena el trote sonoro de la patrulla que se aleja.)

EL CAPITÁN PITITO.— ¡Me responde usted de ese hombre, sereno!

EL SERENO.— ¿Habrá que darle amoníaco?

EL CAPITÁN PITITO.— Habrá que darle para el pelo.

EL SERENO.— ¡Está bien!

DON LATINO.— Max, convídale a una copa. Hay que domesticar a este troglodita asturiano.

MAX.— Estoy apré.

DON LATINO.— ¿No te queda nada?

MAX.— ¡Ni una perra!

EL SERENO.— Camine usted.

MAX.— Soy ciego.

EL SERENO.— ¿Quiere usted que un servidor le vuelva la vista?

MAX.— ¿Eres santa Lucía?

EL SERENO.— ¡Soy autoridad!

MAX.— No es lo mismo.

EL SERENO.— Pudiera serlo. Camine usted.

MAX.— Ya he dicho que soy ciego.

EL SERENO.— Usted es un anárquico, y estos sujetos de las melenas: ¡viento! ¡Viento! ¡Viento! ¡Mucho viento!

DON LATINO.— ¡Una galerna!

EL SERENO.— ¡Atrás!

VOCES DE LOS MODERNISTAS.— ¡Acompañamos al maestro! ¡Acompañamos al maestro!

UN VECINO.— ¡Pepeee! ¡Pepeee!

EL SERENO.— ¡Vaaa! Retírense ustedes sin manifestación.

(Golpea con el chuzo en la puerta de la buñolería. Asoma el buñolero, un hombre gordo con delantal blanco. Se informa, se retira musitando, y a poco salen adormilados, ciñéndose el correaje, dos guardias municipales.)

UN GUARDIA.— ¿Qué hay?

EL SERENO.— Este punto para la Delega.

EL OTRO GUARDIA.— Nosotros vamos al relevo. Lo entregaremos en Gobernación.

EL SERENO.— Donde la duerma.

EL VECINO.— ¡Pepeee! ¡Pepeee!

EL SERENO.— ¡Otro curda! ¡Vaaa! Sus lo entrego.

LOS DOS GUARDIAS.— Ustedes, caballeros, retírense.

DORIO DE GÁDEX.— Acompañamos al maestro.

UN GUARDIA.— ¡Ni que se llamase este curda don Mariano de Cavia! ¡Ese sí que es cabeza! ¡Y cuanto más curda, mejor lo saca!

EL OTRO GUARDIA.— ¡Por veces también se pone pelma!

DON LATINO.— ¡Y faltón!

UN GUARDIA.— Usted, por lo que habla, ¿le conoce?

DON LATINO.— Y le tuteo.

EL OTRO GUARDIA.— ¿Son ustedes periodistas?

DORIO DE GÁDEX.— ¡Lagarto! ¡Lagarto!

LA PISA BIEN.— Son banqueros.

UN GUARDIA.— Si quieren acompañar a su amigo, no se oponen las leyes, y hasta lo permiten; pero deberán guardar moderación, ustedes. Yo respeto mucho el talento.

EL OTRO GUARDIA.— Caminemos.

MAX.— Latino, dame la mano. ¡Señores guardias, ustedes me perdonarán que sea ciego!

UN GUARDIA.— Sobra tanta política.

DON LATINO.— ¿Qué ruta consagramos?

UN GUARDIA.— Al Ministerio de la Gobernación.

EL OTRO GUARDIA.— ¡Vivo! ¡Vivo!

MAX.— ¡Muera Maura! ¡Muera el Gran Fariseo!

CORO DE MODERNISTAS.— ¡Muera! ¡Muera! ¡Muera!

MAX.— Muera el judío y toda su execrable parentela.

UN GUARDIA.— ¡Basta de voces! ¡Cuidado con el poeta curda! ¡Se la está ganando, me caso en Sevilla!

EL OTRO GUARDIA.— A este habrá que darle para el pelo. Lo cual que sería lástima, porque debe ser hombre de mérito.

ESCENA QUINTA

(ZAGUÁN EN EL MINISTERIO DE LA GOBER-NACIÓN. Estantería con legajos. Bancos al filo de la pared. Mesa con carpetas de badana mugrienta. Aire de cueva y olor frío de tabaco rancio. Guardias soñolientos. Policías de la Secreta. —Hongos, garrotes, cuellos de celuloide, grandes sortijas, lunares rizosos y flamencos—. Hay un viejo chabacano —bisoñé y manguitos de percalina—, que escribe, y un pollo chulapón de peinado reluciente, con brisas de perfumería, que se pasea y dicta humeando un veguero. Don Serafín, le dicen sus obligados, y la voz de la calle, Serafín el Bonito. Leve tumulto. Dando voces, la cabeza desnuda, humorista y lunático irrumpe Max Estrella. Don Latino le guía por la manga, implorante y suspirante. Detrás asoman los cascos de los guardias. Y en el corredor, se agrupan bajo la luz de una candileja, pipas, chalinas y melenas del modernismo.)

MAX.— ¡Traigo detenida una pareja de guindillas! Estaban emborrachándose en una tasca, y los hice salir a darme escolta.

SERAFÍN EL BONITO.— Corrección, señor mío.

MAX.— No falto a ella, señor delegado.

SERAFÍN EL BONITO.— Inspector.

MAX.— Todo es uno y lo mismo.

SERAFÍN EL BONITO.— ¿Cómo se llama usted?

MAX.— Mi nombre es Máximo Estrella. Mi seudónimo Mala Estrella. Tengo el honor de no ser académico.

SERAFÍN EL BONITO.— Está usted propasándose. Guardias, ¿por qué viene detenido?

UN GUARDIA.— Por escándalo en la vía pública y gritos internacionales. ¡Está algo briago!

SERAFÍN EL BONITO.— ¿Su profesión?

MAX.— Cesante.

SERAFÍN EL BONITO.— ¿En qué oficina ha servido usted?

MAX.— En ninguna.

SERAFÍN EL BONITO.— ¿No ha dicho usted que cesante?

MAX.— Cesante de hombre libre y pájaro cantor. ¿No me veo vejado, vilipendiado, encarcelado, cacheado e interrogado?

SERAFÍN EL BONITO.— ¿Dónde vive usted?

MAX.— Bastardillos. Esquina a San Cosme. Palacio.

UN GUINDILLA.— Diga usted casa de vecinos. Mi señora, cuando aún no lo era, habitó un sotabanco de esa susodicha finca.

MAX.— Donde yo vivo, siempre es un palacio.

EL GUINDILLA.— No lo sabía.

MAX.— Porque tú, gusano burocrático, no sabes nada. ¡Ni soñar!

SERAFÍN EL BONITO.— ¡Queda usted detenido!

MAX.— ¡Bueno! Latino, ¿hay algún banco donde pueda echarme a dormir?

SERAFÍN EL BONITO.— Aquí no se viene a dormir.

MAX.— ¡Pues yo tengo sueño!

SERAFÍN EL BONITO.— ¡Está usted desacatando mi autoridad! ¿Sabe usted quién soy yo?

MAX.— ¡Serafín el Bonito!

SERAFÍN EL BONITO.— ¡Como usted repita esa gracia, de una bofetada, le doblo!

MAX.— ¡Ya se guardará usted del intento! ¡Soy el primer poeta de España! ¡Tengo influencia en todos los periódicos! ¡Conozco al ministro! ¡Hemos sido compañeros!

SERAFÍN EL BONITO.— El señor ministro no es un golfo.

MAX.— Usted desconoce la Historia Moderna.

SERAFÍN EL BONITO.— ¡En mi presencia no se ofende a don Paco! Eso no lo tolero. ¡Sepa usted que don Paco es mi padre!

MAX.— No lo creo. Permítame usted que se lo pregunte por teléfono.

SERAFÍN EL BONITO.— Se lo va usted a preguntar desde el calabozo.

DON LATINO.— ¡Señor inspector, tenga usted alguna consideración! ¡Se trata de una gloria nacional! ¡El Víctor Hugo de España!

SERAFÍN EL BONITO.— Cállese usted.

DON LATINO.— Perdone usted mi entrometimiento.

SERAFÍN EL BONITO.— ¡Si usted quiere acompañarle, también hay para usted alojamiento!

DON LATINO.— ¡Gracias, señor inspector!

SERAFÍN EL BONITO.— Guardias, conduzcan ustedes ese curda al número 2.

UN GUARDIA.— ¡Camine usted!

MAX.— No quiero.

SERAFÍN EL BONITO.— Llévenle ustedes a rastras.

OTRO GUARDIA.— ¡So golfo!

MAX.— ¡Que me asesinan! ¡Que me asesinan!

UNA VOZ MODERNISTA.— ¡Bárbaros!

DON LATINO.— ¡Que es una gloria nacional!

SERAFÍN EL BONITO.— Aquí no se protesta. Retírense ustedes.

OTRA VOZ MODERNISTA.— ¡Viva la Inquisición!

SERAFÍN EL BONITO.— ¡Silencio, o todos quedan detenidos!

MAX.— ¡Que me asesinan! ¡Que me asesinan!

LOS GUARDIAS.— ¡Borracho! ¡Golfo!

EL GRUPO MODERNISTA.— ¡Hay que visitar las redacciones!

(Salen en tropel el grupo. Chalinas flotantes, pipas apagadas, románticas greñas. Se oyen estallar las bofetadas y las voces tras la puerta del calabozo.)

SERAFÍN EL BONITO.— ¡Creerán esos niños modernistas que aquí se reparten caramelos!

Escena Sexta

(*EL CALABOZO. Sótano mal alumbrado por una candileja. En la sombra, se mueve el bulto de un hombre. —Blusa, tapabocas y alpargatas—. Pasea hablando solo. Repentinamente se abre la puerta. Max Estrella, empujado y trompicando, rueda al fondo del calabozo. Se cierra de golpe la puerta.*)

MAX.— ¡Canallas! ¡Asalariados! ¡Cobardes!

VOZ FUERA.— ¡Aún vas a llevar mancuerna!

MAX.— ¡Esbirro!

(*Sale de la tiniebla el bulto del hombre morador del calabozo. Bajo la luz se le ve esposado, con la cara llena de sangre.*)

EL PRESO.— ¡Buenas noches!

MAX.— ¿No estoy solo?

EL PRESO.— Así parece.

MAX.— ¿Quién eres, compañero?

EL PRESO.— Un paria.

MAX.— ¿Catalán?

EL PRESO.— De todas partes.

MAX.— ¡Paria!... Solamente los obreros catalanes aguijan su rebeldía con ese denigrante epíteto. Paria, en bocas como la tuya, es una espuela. Pronto llegará vuestra hora.

EL PRESO.— Tiene usted luces que no todos tienen. Barcelona alimenta una hoguera de odio, soy obrero barcelonés, y a orgullo lo tengo.

MAX.— ¿Eres anarquista?

EL PRESO.— Soy lo que me han hecho las leyes.

MAX.— Pertenecemos a la misma Iglesia.

EL PRESO.— Usted lleva chalina.

MAX.— ¡El dogal de la más horrible servidumbre! Me lo arrancaré para que hablemos.

EL PRESO.— Usted no es proletario.

MAX.— Yo soy el dolor de un mal sueño.

EL PRESO.— Parece usted hombre de luces. Su hablar es como de otros tiempos.

MAX.— Yo soy un poeta ciego.

EL PRESO.— ¡No es pequeña desgracia!... En España el trabajo y la inteligencia siempre se han visto menospreciados. Aquí todo lo manda el dinero.

MAX.— Hay que establecer la guillotina eléctrica en la Puerta del Sol.

EL PRESO.— No basta. El ideal revolucionario tiene que ser la destrucción de la riqueza, como en Rusia. No es suficiente la degollación de todos los ricos: siempre aparecerá un heredero, y aun cuando se suprima la herencia, no podrá evitarse que los despojados conspiren para recobrarla. Hay que hacer imposible el orden anterior, y eso solo se consigue destruyendo la riqueza. Barcelona industrial tiene que hundirse para renacer de sus escombros, con otro concepto de la propiedad y del trabajo. En Europa, el patrono de más negra entraña es el catalán, y no digo del mundo porque existen las Colonias Españolas de América. ¡Barcelona solamente se salva pereciendo!

MAX.— ¡Barcelona es cara a mi corazón!

EL PRESO.— ¡Yo también la recuerdo!

MAX.— Yo le debo los únicos goces en la lobreguez de mi ceguera. Todos los días un patrono muerto, algunas veces, dos... Eso consuela.

EL PRESO.— No cuenta usted los obreros que caen.

MAX.— Los obreros se reproducen populosamente, de un modo comparable a las moscas. En cambio, los patronos, como los elefantes, como todas las bestias poderosas y prehistóricas, procrean lentamente. Saulo, hay que difundir por el mundo la religión nueva.

EL PRESO.— Mi nombre es Mateo.

MAX.— Yo te bautizo Saulo. Soy poeta y tengo el derecho al alfabeto. Escucha para cuando seas libre, Saulo: una buena cacería puede encarecer la piel de patrono catalán por encima del marfil de Calcuta.

EL PRESO.— En ello laboramos.

MAX.— Y en último consuelo, aun cabe pensar que exterminando al proletario también se extermina al patrón.

EL PRESO.— Acabando con la ciudad, acabaremos con el judaísmo barcelonés.

MAX.— No me opongo. Barcelona semita sea destruida, como Cartago y Jerusalén. ¡*Alea jacta est*! Dame la mano.

EL PRESO.— Estoy esposado.

MAX.— ¿Eres joven? No puedo verte.

EL PRESO.— Soy joven: treinta años.

MAX.— ¿De qué te acusan?

EL PRESO.— Es cuento largo. Soy tachado de rebelde... No quise dejar el telar por ir a la guerra y levanté un motín en la fábrica. Me denunció el patrón, cumplí condena, recorrí el mundo buscando trabajo, y ahora voy por tránsitos, reclamado de no sé qué jueces. Conozco la suerte que me espera: cuatro tiros por intento de fuga. Bueno. Si no es más que eso.

MAX.— ¿Pues qué temes?

EL PRESO.— Que se diviertan dándome tormento.

MAX.— ¡Bárbaros!

EL PRESO.— Hay que conocerlos.

MAX.— Canallas. ¡Y esos son los que protestan de la leyenda negra!

EL PRESO.— Por siete pesetas, al cruzar un lugar solitario, me sacarán la vida los que tienen a su cargo la defensa del pueblo. ¡Y a esto llaman justicia los ricos canallas!

MAX.— Los ricos y los pobres, la barbarie ibérica es unánime.

EL PRESO.— ¡Todos!

MAX.— ¡Todos! ¿Mateo, dónde está la bomba que destripe el terrón maldito de España?

EL PRESO.— Señor poeta que tanto adivina, ¿no ha visto usted una mano levantada?

(Se abre la puerta del calabozo, y el llavero, con jactancia de rufo, ordena al preso maniatado que le acompañe.)

EL LLAVERO.— ¡Tú, catalán, disponte!

EL PRESO.— Estoy dispuesto.

EL LLAVERO.— Pues andando. Gachó, vas a salir en viaje de recreo.

(El esposado, con resignada entereza, se acerca al ciego y le toca el hombro con la barba. Se despide hablando a media voz.)

EL PRESO.— Llegó la mía... Creo que no volveremos a vernos...

MAX.— ¡Es horrible!

EL PRESO.— Van a matarme... ¿Qué dirá mañana esa prensa canalla?

MAX.— Lo que le manden.

EL PRESO.— ¿Está usted llorando?

MAX.— De impotencia y de rabia. Abracémonos, hermano.

(Se abrazan. El carcelero y el esposado salen. Vuelve a cerrarse la puerta. Max Estrella tantea buscando la pared, y se sienta con las piernas cruzadas, en una actitud religiosa, de meditación asiática. Exprime un gran dolor taciturno el bulto del poeta ciego. Llega de fuera tumulto de voces y galopar de caballos.)

Escena Séptima

(LA REDACCIÓN DE EL POPULAR. Sala baja con piso de baldosas: en el centro, una mesa larga y negra, rodeada de sillas vacías, que marcan los puestos, ante roídas carpetas, y rimeros de cuartillas que destacan su blancura en el círculo luminoso y verdoso de una lámpara con enagüillas. Al extremo, fuma y escribe un hombre calvo, el eterno redactor del perfil triste, el gabán con flecos, los dedos de gancho y las uñas entintadas. El hombre lógico y mítico enciende el cigarro apagado. Se abre la mampara, y el grillo de un timbre rasga el silencio. Asoma el conserje, vejete renegado, bigotudo, tripón, parejo de aquellos bizarros coroneles que en las procesiones se caen del caballo. Un enorme parecido que extravaga.)

EL CONSERJE.— Ahí está don Latino de Hispalis, con otros capitalistas de su cuerda. Vienen preguntando por el señor director. Les he dicho que solamente estaba usted en la casa. ¿Los recibe usted, don Filiberto?

DON FILIBERTO.— Que pasen.

(Sigue escribiendo. El conserje sale, y queda batiente la verde mampara, que proyecta un recuerdo de garitos y naipes. Entra el cotarro modernista, greñas, pipas, gabanes repelados y alguna capa. El periodista calvo levanta los anteojos a la frente, requiere el cigarro y se da importancia.)

DON FILIBERTO.— ¡Caballeros y hombres buenos, adelante! ¿Ustedes me dirán lo que desean de mí y del *Journal*?

DON LATINO.— ¡Venimos a protestar contra un indigno atropello de la policía! Max Estrella, el gran poeta, aun cuando muchos se nieguen a reconocerlo, acaba de ser detenido y maltratado brutalmente en un sótano del Ministerio de la Desgobernación.

DORIO DE GÁDEX.— En España sigue reinando Carlos II.

DON FILIBERTO.— ¡Válgame un santo de palo! ¿Nuestro gran poeta estaría curda?

DON LATINO.— Una copa de más no justifica esa violación de los derechos individuales.

DON FILIBERTO.— Max Estrella también es amigo nuestro. ¡Válgame un santo de palo! El señor director, cuando a esta hora falta, ya no viene... Ustedes conocen cómo se hace un periódico. ¡El director es siempre un tirano...! Yo, sin consultarle, no me decido a recoger en nuestras columnas la protesta de ustedes. Desconozco la política del periódico con la Dirección de Seguridad... Y el relato de ustedes, francamente, me parece un poco exagerado.

DORIO DE GÁDEX.— ¡Es pálido, don Filiberto!

CLARINITO.— ¡Una cobardía!

PÉREZ.— ¡Una vergüenza!

DON LATINO.— ¡Una canallada!

DORIO DE GÁDEX.— ¡En España reina siempre Felipe II!

DON LATINO.— ¡Dorio, hijo mío, no nos anonades!

DON FILIBERTO.— ¡Juventud! ¡Noble apasionamiento! ¡Divino tesoro, como dijo el vate de Nicaragua! ¡Juventud, divino tesoro! Yo también leo, y algunas veces admiro a los genios del modernismo. El director bromea que estoy contagiado. ¿Alguno de ustedes ha leído el cuento que publiqué en Los Orbes?

CLARINITO.— ¡Yo, don Filiberto! Leído y admirado.

DON FILIBERTO.— ¿Y usted, amigo Dorio?

DORIO DE GÁDEX.— Yo nunca leo a mis contemporáneos, don Filiberto.

DON FILIBERTO.— ¡Amigo Dorio, no quiero replicarle que también ignora a los clásicos!

DORIO DE GÁDEX.— A usted y a mí nos rezuma el ingenio, don Filiberto. En el cuello del gabán llevamos las señales.

DON FILIBERTO.— Con esa alusión a la estética de mi indumentaria, se me ha revelado usted como un joven esteta.

DORIO DE GÁDEX.— ¡Es usted corrosivo, don Filiberto!

DON FILIBERTO.— ¡Usted me ha buscado la lengua!

DORIO DE GÁDEX.— ¡A eso no llego!

CLARINITO.— Dorio, no hagas chistes de primero de latín.

DON FILIBERTO.— Amigo Dorio, tengo alguna costumbre de estas cañas y lanzas del ingenio. Son las justas del periodismo. No me refiero al periodismo de ahora. Con Silvela he discreteado en un banquete, cuando me premiaron en los Juegos Florales de Málaga la Bella. Narciso Díaz aún recordaba poco hace aquel torneo en una crónica de *El Heraldo*. Una crónica deliciosa, como todas las suyas, y reconocía que no había yo llevado la peor parte. Citaba mi definición del periodismo. ¿Ustedes la conocen? Se la diré, sin embargo. El periodista es el plumífero parlamentario. El Congreso es una gran redacción, y cada redacción un pequeño Congreso. El periodismo es travesura, lo mismo que la política. Son el mismo círculo en diferentes espacios. Teosóficamente podría explicárselo a ustedes, si estuviesen ustedes iniciados en la noble Doctrina del Karma.

DORIO DE GÁDEX.— Nosotros no estamos iniciados, pero quien chanela algo es don Latino.

DON LATINO.— ¡Más que algo, niño, más que algo! Ustedes no conocen la cabalatrina de mi seudónimo: soy Latino por las aguas del bautismo; soy Latino por mi nacimiento en la bética Hispalis, y Latino por dar mis murgas en el Barrio Latino de París. Latino, en lectura cabalística, se resuelve en una de las palabras mágicas: onital. Usted, don Filiberto, también toca algo en el magismo y la cábala.

DON FILIBERTO.— No confundamos. Eso es muy serio, don Latino. ¡Yo soy teósofo!

DON LATINO.— ¡Yo no sé lo que soy!

DON FILIBERTO.— Lo creo.

DORIO DE GÁDEX.— Un golfo madrileño.

DON LATINO.— Dorio, no malgastes el ingenio, que todo se acaba. Entre amigos basta con sacar la petaca, se queda mejor. ¡Vaya, dame un pito!

DORIO DE GÁDEX.— No fumo.

DON FILIBERTO.— ¡Otro vicio tendrá usted!

DORIO DE GÁDEX.— Estupro criadas.

DON FILIBERTO.— ¿Es agradable?

DORIO DE GÁDEX.— Tiene sus encantos, don Filiberto.

DON FILIBERTO.— ¿Será usted padre innúmero?

DORIO DE GÁDEX.— Las hago abortar.

DON FILIBERTO.— ¡También infanticida!

PÉREZ.— Un cajón de sastre.

DORIO DE GÁDEX.— ¡Pérez, no metas la pata! Don Filiberto, un servidor es neo-maltusiano.

DON FILIBERTO.— ¿Lo pone usted en las tarjetas?

DORIO DE GÁDEX.— Y tengo un anuncio luminoso en casa.

DON LATINO.— Y así, revertiéndonos la olla vacía, los españoles nos consolamos del hambre y de los malos gobernantes.

DORIO DE GÁDEX.— Y de los malos cómicos, y de las malas comedias, y del servicio de tranvías, y del adoquinado.

PÉREZ.— ¡Eres un iconoclasta!

DORIO DE GÁDEX.— Pérez, escucha respetuosamente y calla.

DON FILIBERTO.— En España podrá faltar el pan, pero el ingenio y el buen humor no se acaban.

DORIO DE GÁDEX.— ¿Sabe usted quién es nuestro primer humorista, don Filiberto?

DON FILIBERTO.— Ustedes los iconoclastas dirán, quizá, que don Miguel de Unamuno.

DORIO DE GÁDEX.— ¡No, señor! El primer humorista es don Alfonso XIII.

DON FILIBERTO.— Tiene la viveza madrileña y borbónica.

DORIO DE GÁDEX.— El primer humorista, don Filiberto. ¡El primero! Don Alfonso ha batido el récord haciendo presidente del Consejo a García Prieto.

DON FILIBERTO.— Aquí, joven amigo, no se pueden proferir esas blasfemias. Nuestro periódico sale inspirado por don Manuel García Prieto. Reconozco que no es un hombre brillante, que no es un orador, pero es un político serio. En fin, volvamos al caso de nuestro amigo Mala-Estrella. Yo podría telefonear a la secretaría particular del ministro: está en ella un muchacho que hizo aquí tribunales. Voy a pedir comunicación. ¡Válgame un santo de palo! Mala-Estrella es uno de los maestros, y merece alguna consideración. ¿Qué dejan esos caballeros para los chulos y los guapos? ¡La gentuza de navaja! ¿Mala-Estrella se hallaría como de costumbre?...

DON LATINO.— Iluminado.

DON FILIBERTO.— ¡Es deplorable!

DON LATINO.— Hoy no pasaba de lo justo. Yo le acompañaba. ¡Cuente usted! ¡Amigos desde París! ¿Usted conoce París? Yo fui a París con la reina doña Isabel. Escribí entonces en defensa de la señora. Traduje algunos libros para la Casa Garnier. Fui redactor financiero de *La Lira Hispano Americana*. ¡Una gran revista! Y siempre mi seudónimo Latino de Hispalis.

(Suena el timbre del teléfono. Don Filiberto, el periodista calvo y catarroso, el hombre lógico y mítico de todas las redacciones, pide comunicación con el Ministerio de Gobernación, Secretaría Particular. Hay un silencio. Luego murmullos, leves risas, algún chiste en voz baja. Dorio de Gádex se sienta en el sillón del director, pone sobre la mesa sus botas rotas y lanza un suspiro.)

DORIO DE GÁDEX.— Voy a escribir el artículo de fondo, glosando el discurso de nuestro jefe:

«¡Todas las fuerzas vivas del país están muertas!»,
exclamaba aún ayer en un magnífico arranque
oratorio nuestro amigo el ilustre marqués de Al-
hucemas. Y la Cámara, completamente subyu-
gada, aplaudía la profundidad del concepto, no
más profundo que aquel otro. «Ya se van alejando
los escollos». Todos los cuales se resumen en el
supremo apóstrofe: «Santiago y abre España, a la
libertad y al progreso».

*(Don Filiberto suelta la trompetilla del teléfono y
viene al centro de la sala, cubriéndose la calva con las
manos amarillas y entintadas: ¡manos de esqueleto
memorialista en el día bíblico del Juicio Final!)*

DON FILIBERTO.— ¡Esa broma es intolerable!
¡Baje usted los pies! ¡Dónde se ha visto igual gro-
sería!

DORIO DE GÁDEX.— En el Senado yanqui.

DON FILIBERTO.— ¡Me ha llenado usted la car-
peta de tierra!

DORIO DE GÁDEX.— Es mi lección de filosofía.
¡Polvo eres, y en polvo te convertirás!

DON FILIBERTO.— ¡Ni siquiera sabe usted de-
cirlo en latín! ¡Son ustedes unos niños procaces!...

CLARINITO.— Don Filiberto, nosotros no hemos faltado.

DON FILIBERTO.— Ustedes han celebrado la gracia, y la risa en este caso es otra procacidad. ¡La risa de lo que está muy por encima de ustedes! Para ustedes no hay nada respetable: ¡Maura es un charlatán!

DORIO DE GÁDEX.— ¡El rey del camelo!

DON FILIBERTO.— ¡Benlliure un *santi boni barati*!

DORIO DE GÁDEX.— Dicho en valenciano.

DON FILIBERTO.— Cavestany, el gran poeta, un coplero.

DORIO DE GÁDEX.— Profesor de guitarra por cifra.

DON FILIBERTO.— ¡Qué de extraño tiene que mi ilustre jefe les parezca un mamarracho!

DORIO DE GÁDEX.— Un yerno más.

DON FILIBERTO.— Para ustedes en nuestra tierra no hay nada grande, nada digno de admiración. ¡Les compadezco! ¡Son ustedes bien desgraciados! ¡Ustedes no sienten la patria!

DORIO DE GÁDEX.— Es un lujo que no podemos permitirnos. Espere usted que tengamos automóvil, don Filiberto.

DON FILIBERTO.— ¡Ni siquiera pueden ustedes hablar en serio! Hay alguno de ustedes, de los que ustedes llaman maestros, que se atreve a gritar viva la bagatela. ¡Y eso no en el café, no en la tertulia de amigos, sino en la tribuna de la Docta Casa! ¡Y eso no puede ser, caballeros! Ustedes no creen en nada: son iconoclastas y son cínicos. Afortunadamente hay una juventud que no son ustedes, una juventud estudiosa, una juventud preocupada, una juventud llena de civismo.

DON LATINO.— Protesto, si se refiere usted a los niños de la Acción Ciudadana. Siquiera estos modernistas, llamémosles golfos distinguidos, no han llegado a ser policías honorarios. A cada cual lo suyo. ¿Y parece ser que esta tarde mataron a uno de esos pollos de gabardina? ¿Usted tendrá noticias?

DON FILIBERTO.— Era un pollo relativo. Sesenta años.

DON LATINO.— Bueno, pues que lo entierren. ¡Que haya un cadáver más, solo importa a la funeraria!

(*Rompe a sonar el timbre del teléfono. Don Filiberto toma la trompetilla y comienza una pantomima de cabeceos, apartes y gritos. Mientras escucha con el cuello torcido y la trompetilla en la oreja, esparce la*

mirada por la sala, vigilando a los jóvenes modernistas.
Al colgar la trompetilla tiene una expresión candorosa
de conciencia honrada. Reaparece el teósofo, en su
sonrisa plácida, en el marfil de sus sienes, en toda
la ancha redondez de su calva.)

DON FILIBERTO.— Ya está transmitida la orden
de poner en libertad a nuestro amigo Estrella.
Aconséjenle ustedes que no beba. Tiene talento.
Puede hacer mucho más de lo que hace. Y ahora
váyanse y déjenme trabajar. Tengo que hacerme
solo todo el periódico.

ESCENA OCTAVA

(SECRETARÍA PARTICULAR DE SU EXCELEN-CIA. Olor de brevas habanas, malos cuadros, lujo aparente y provinciano. La estancia tiene un recuerdo partido por medio, de oficina y sala de círculo con timba. De repente, el grillo del teléfono se orina en el gran regazo burocrático. Y Dieguito García —don Diego del Corral, en la Revista de Tribunales y Estrados— pega tres brincos y se planta la trompetilla en la oreja.)

DIEGUITO.— ¿Con quién hablo?

....

Ya he transmitido la orden para que se le ponga en libertad.

....

¡De nada! ¡De nada!

....

¡Un alcohólico!

....

Sí... Conozco su obra.

....

¡Una desgracia!

....

No podrá ser. ¡Aquí estamos sin un cuarto!

....

Se lo diré. Tomo nota.

....

¡De nada! ¡De nada!

*(Max Estrella aparece en la puerta, pálido, arañado,
la corbata torcida, la expresión altanera y alocada.
Detrás, abotonándose los calzones, aparece el ujier.)*

EL UJIER.— Deténgase usted, caballero.

MAX.— No me ponga usted la mano encima.

EL UJIER.— Salga usted sin hacer desacato.

MAX.— Anúncieme usted al ministro.

EL UJIER.— No está visible

MAX.— ¡Ah! Es usted un gran lógico. Pero estará
audible.

EL UJIER.— Retírese, caballero. Estas no son horas
de audiencia.

MAX.— Anúncieme usted.

EL UJIER.— Es la orden... Y no vale ponerse pelmazo, caballero.

DIEGUITO.— Fernández, deje usted a ese caballero que pase.

MAX.— ¡Al fin doy con un indígena civilizado!

DIEGUITO.— Amigo Mala-Estrella, usted perdonará que solo un momento me ponga a sus órdenes. Me habló por usted la redacción de *El Popular*. Allí le quieren a usted. A usted le quieren y le admiran en todas partes. Usted me deja mandado aquí y donde sea. No me olvide... ¡Quién sabe!... Yo tengo la nostalgia del periodismo... Pienso hacer algo... Hace tiempo acaricio la idea de una hoja volandera, un periódico ligero, festivo, espuma de champaña, fuego de virutas. Cuento con usted. Adiós, maestro. ¡Deploro que la ocasión de conocernos haya venido de suceso tan desagradable!

MAX.— De eso vengo a protestar. ¡Tienen ustedes una Policía reclutada entre la canalla más canalla!

DIEGUITO.— Hay de todo, maestro.

MAX.— No discutamos. Quiero que el ministro me oiga y, al mismo tiempo, darle las gracias por mi libertad.

DIEGUITO.— El señor ministro no sabe nada.

MAX.— Lo sabrá por mí.

DIEGUITO.— El señor ministro ahora trabaja. Sin embargo, voy a entrar.

MAX.— Y yo con usted.

DIEGUITO.— ¡Imposible!

MAX.— ¡Daré un escándalo!

DIEGUITO.— ¡Está usted loco!

MAX.— Loco de verme desconocido y negado. El ministro es amigo mío, amigo de los tiempos heroicos. ¡Quiero oírle decir que no me conoce! ¡Paco! ¡Paco!

DIEGUITO.— Le anunciaré a usted.

MAX.— Yo me basto. ¡Paco! ¡Paco! ¡Soy un espectro del pasado!

(Su excelencia abre la puerta de su despacho y asoma en mangas de camisa, la bragueta desabrochada, el chaleco suelto, y los quevedos pendientes de un cordón, como dos ojos absurdos bailándole sobre la panza.)

EL MINISTRO.— ¿Qué escándalo es este, Dieguito?

DIEGUITO.— Señor ministro, no he podido evitarlo.

EL MINISTRO.— ¿Y ese hombre quién es?

MAX.— ¡Un amigo de los tiempos heroicos! ¿No me reconoces, Paco? ¿Tanto me ha cambiado la vida? ¡No me reconoces! ¡Soy Máximo Estrella!

EL MINISTRO.— ¡Claro! ¡Claro! ¡Claro! ¿Pero estás ciego?

MAX.— Como Homero y como Belisario.

EL MINISTRO.— Una ceguera accidental, supongo...

MAX.— Definitiva e irrevocable. Es el regalo de Venus.

EL MINISTRO.— Válgate Dios. ¿Y cómo no te has acordado de venir a verme antes de ahora? Apenas leo tu firma en los periódicos.

MAX.— ¡Vivo olvidado! Tú has sido un vidente dejando las letras por hacernos felices gobernando. Paco, las letras no dan para comer. ¡Las letras son colorín, pingajo y hambre!

EL MINISTRO.— Las letras, ciertamente, no tienen la consideración que debieran, pero son ya un valor que se cotiza. Amigo Max, yo voy a continuar trabajando. A este pollo le dejas una nota de lo que deseas... Llegas ya un poco tarde.

MAX.— Llego en mi hora. No vengo a pedir nada. Vengo a exigir una satisfacción y un castigo. Soy ciego, me llaman poeta, vivo de hacer versos y vivo miserable. Estás pensando que soy un borracho. ¡Afortunadamente! Si no fuese un borracho ya me hubiera pegado un tiro. ¡Paco, tus sicarios no tienen derecho a escupirme y abofetearme, y vengo a pedir un castigo para esa turba de miserables, y un desagravio a la diosa Minerva!

EL MINISTRO.— Amigo Max, yo no estoy enterado de nada. ¿Qué ha pasado, Dieguito?

DIEGUITO.— Como hay un poco de tumulto callejero, y no se consienten grupos, y estaba algo excitado el maestro...

MAX.— He sido injustamente detenido, inquisitorialmente torturado. En las muñecas tengo las señales.

EL MINISTRO.— ¿Qué parte han dado los guardias, Dieguito?

DIEGUITO.— En puridad, lo que acabo de resumir al señor ministro.

MAX.— ¡Pues es mentira! He sido detenido por la arbitrariedad de un legionario, a quien pregunté, ingenuo, si sabía los cuatro dialectos griegos.

EL MINISTRO.— Real y verdaderamente la pregunta es arbitraria. ¡Suponerle a un guardia tan altas humanidades!

MAX.— Era un teniente.

EL MINISTRO.— Como si fuese un capitán general. ¡No estás sin ninguna culpa! ¡Eres siempre el mismo calvatrueno! ¡Para ti no pasan los años! ¡Ay, cómo envidio tu eterno buen humor!

MAX.— ¡Para mí, siempre es de noche! Hace un año que estoy ciego. Dicto y mi mujer escribe, pero no es posible.

EL MINISTRO.— ¿Tu mujer es francesa?

MAX.— Una santa del cielo que escribe el español con una ortografía del infierno. Tengo que dictarle letra por letra. Las ideas se me desvanecen. ¡Un tormento! Si hubiera pan en mi casa, maldito si me apenaba la ceguera. El ciego se entera mejor de las cosas del mundo, los ojos son unos ilusionados embusteros. ¡Adiós, Paco! Conste que no he venido a pedirte ningún favor. Max Estrella no es el pobrete molesto.

EL MINISTRO.— Espera, no te vayas, Máximo. Ya que has venido, hablemos. Tú resucitas toda una época de mi vida, acaso la mejor. ¡Qué lejana! Estudiábamos juntos. Vivíais en la calle del Recuerdo. Tenías una hermana. De tu hermana anduve yo enamorado. ¡Por ella hice versos!

MAX.—

¡Calle del Recuerdo,

Ventana de Helena,

La niña morena

Que asomada vi!

¡Calle del Recuerdo

Rondalla de tuna,

Y escala de luna

Que en ella prendí!

EL MINISTRO.- ¡Qué memoria la tuya! ¡Me dejas maravillado! ¿Qué fue de tu hermana?

MAX.— Entró en un convento.

EL MINISTRO.— ¿Y tu hermano Álex?

MAX.— ¡Murió!

EL MINISTRO.— ¿Y los otros? ¡Erais muchos!

MAX.— ¡Creo que todos han muerto!

EL MINISTRO.— ¡No has cambiado!... Max, yo no quiero herir tu delicadeza, pero en tanto dure aquí, puedo darte un sueldo.

MAX.— ¡Gracias!

EL MINISTRO.— ¿Aceptas?

MAX.— ¡Qué remedio!

EL MINISTRO.— Tome usted nota, Dieguito. ¿Dónde vives, Max?

MAX.— Dispóngase usted a escribir largo, joven

maestro: Bastardillos, veintitrés, duplicado, escalera interior, guardilla B. Nota: si en este laberinto hiciese falta un hilo para guiarse, no se le pida a la portera, porque muerde.

EL MINISTRO.— ¡Cómo te envidio el humor!

MAX.— El mundo es mío, todo me sonríe, soy un hombre sin penas.

EL MINISTRO.— ¡Te envidio!

MAX.— ¡Paco, no seas majadero!

EL MINISTRO.— Max, todos los meses te llevarán el haber a tu casa. ¡Ahora, adiós! ¡Dame un abrazo!

MAX.— Toma un dedo, y no te enternezcas.

EL MINISTRO.— ¡Adiós, genio y desorden!

MAX.— Conste que he venido a pedir un desagravio para mi dignidad, y un castigo para unos canallas. Conste que no alcanzo ninguna de las dos cosas, y que me das dinero, y que lo acepto porque soy un canalla. No me estaba permitido irme del mundo sin haber tocado alguna vez el fondo de los reptiles. ¡Me he ganado los brazos de su excelencia!

(Máximo Estrella, con los brazos abiertos en cruz, la cabeza erguida, los ojos parados, trágicos en su ciega quietud, avanza como un fantasma. Su excelencia, tripudo, repintado, mantecoso, responde con un

arranque de cómico viejo, en el buen melodrama francés. Se abrazan los dos. Su excelencia, al separarse, tiene una lágrima detenida en los párpados. Estrecha la mano del bohemio, y deja en ella algunos billetes.)

EL MINISTRO.— ¡Adiós! ¡Adiós! Créeme que no olvidaré este momento.

MAX.— ¡Adiós, Paco! ¡Gracias en nombre de dos pobres mujeres!

(Su excelencia toca un timbre. El ujier acude soñoliento. Máximo Estrella, tanteando con el palo, va derecho hacia el fondo de la estancia, donde hay un balcón.)

EL MINISTRO.— Fernández, acompañe usted a ese caballero, y déjele en un coche.

MAX.— Seguramente que me espera en la puerta mi perro.

EL UJIER.— Quien le espera a usted es un sujeto de edad, en la antesala.

MAX.— Don Latino de Hispalis: mi perro.

(El ujier toma de la manga al bohemio: con aire

*torpón le saca del despacho, y guipa al soslayo el gesto
de su excelencia. Aquel gesto manido de actor de
carácter en la gran escena del reconocimiento.)*

EL MINISTRO.— ¡Querido Dieguito, ahí tiene usted un hombre a quien le ha faltado el resorte de la voluntad! Lo tuvo todo, figura, palabra, gracejo. Su charla cambiaba de colores como las llamas de un ponche.

DIEGUITO.— ¡Qué imagen soberbia!

EL MINISTRO.— ¡Sin duda, era el que más valía entre los de mi tiempo!

DIEGUITO.— Pues véalo usted ahora en medio del arroyo, oliendo a aguardiente, y saludando en francés a las proxenetas.

EL MINISTRO.— ¡Veinte años! ¡Una vida! ¡E, inopinadamente, reaparece ese espectro de la bohemia! Yo me salvé del desastre renunciando al goce de hacer versos. Dieguito, usted de esto no sabe nada, porque usted no ha nacido poeta.

DIEGUITO.— ¡Lagarto! ¡Lagarto!

EL MINISTRO.— ¡Ay, Dieguito! ¡Usted no alcanzará nunca lo que son ilusión y bohemia! Usted ha nacido institucionista, usted no es un renegado del mundo del ensueño. ¡Yo, sí!

DIEGUITO.— ¿Lo lamenta usted, don Francisco?

EL MINISTRO.— Creo que lo lamento.

DIEGUITO.— ¿El excelentísimo señor ministro de la Gobernación, se cambiaría por el poeta Mala-Estrella?

EL MINISTRO.— ¡Ya se ha puesto la toga y los vuelillos el señor licenciado don Diego del Corral! Suspenda un momento el interrogatorio, su señoría, y vaya pensando cómo se justifican las pesetas que hemos de darle a Máximo Estrella.

DIEGUITO.— Las tomaremos de los fondos de Policía.

EL MINISTRO.— *¡Eironeia!*

(Su Excelencia se hunde en una poltrona, ante la chimenea que aventa sobre la alfombra una claridad trémula. Enciende un cigarro con sortija, y pide La Gaceta. *Cabálgase los lentes, le pasa la vista, se hace un gorro, y se duerme.)*

ESCENA NOVENA

(UN CAFÉ que prolongan empañados espejos. Mesas de mármol. Divanes rojos. El mostrador en el fondo, y, detrás, un vejete rubiales, destacado el busto sobre la diversa botillería. El café tiene piano y violín. Las sombras y la música flotan en el vaho de humo, y en el lívido temblor de los arcos voltaicos. Los espejos multiplicadores están llenos de un interés folletinesco, en su fondo, con una geometría absurda, extravaga el café. El compás canalla de la música, las luces en el fondo de los espejos, el vaho de humo penetrado del temblor de los arcos voltaicos, cifran su diversidad en una sola expresión. Entran extraños, y son de repente transfigurados en aquel triple ritmo, Mala-Estrella y don Latino.)

MAX.— ¿Qué tierra pisamos?

DON LATINO.— El Café Colón.

MAX.— Mira si está Rubén. Suele ponerse enfrente de los músicos.

DON LATINO.— Allá está como un cerdo triste.

MAX.— Vamos a su lado, Latino. Muerto yo, el cetro de la poesía pasa a ese negro.

DON LATINO.— No me encargues de ser tu testamentario.

MAX.— ¡Es un gran poeta!

DON LATINO.— Yo no lo entiendo.

MAX.— ¡Merecías ser el barbero de Maura!

(Por entre sillas y mármoles llegan al rincón donde está sentado y silencioso Rubén Darío. Ante aquella aparición, el poeta siente la amargura de la vida, y con gesto egoísta de niño enfadado, cierra los ojos y bebe un sorbo de su copa de ajenjo. Finalmente, su máscara de ídolo se anima con una sonrisa cargada de humedad. El ciego se detiene ante la mesa y levanta su brazo, con magno ademán de estatua cesárea.)

MAX.— ¡Salud, hermano, si menor en años, mayor en prez!

RUBÉN.— ¡Admirable! ¡Cuánto tiempo sin vernos, Max! ¿Qué haces?

MAX.— ¡Nada!

RUBÉN.— ¡Admirable! ¿Nunca vienes por aquí?

MAX.— El café es un lujo muy caro, y me dedico a la taberna, mientras llega la muerte.

RUBÉN.— Max, amemos la vida, y mientras podamos, olvidemos a la Dama de Luto.

MAX.— ¿Por qué?

RUBÉN.— ¡No hablemos de Ella!

MAX.— ¡Tú la temes, y yo la cortejo! Rubén, te llevaré el mensaje que te plazca darme para la otra ribera de la Estigia. Vengo aquí para estrecharte por última vez la mano, guiado por el ilustre camello don Latino de Hispalis. ¡Un hombre que desprecia tu poesía, como si fuese académico!

DON LATINO.— ¡Querido Max, no te pongas estupendo!

RUBÉN.— ¿El señor es don Latino de Hispalis?

DON LATINO.— ¡Si nos conocemos de antiguo, maestro! ¡Han pasado muchos años! ¡Hemos hecho juntos periodismo en La Lira Hispano-Americana.

RUBÉN.— Tengo poca memoria, don Latino.

DON LATINO.— Yo era el redactor financiero. En París nos tuteábamos, Rubén.

RUBÉN.— Lo había olvidado.

MAX.— ¡Si no has estado nunca en París!

DON LATINO.— Querido Max, vuelvo a decirte que no te pongas estupendo. Siéntate e invítanos a cenar. ¡Rubén, hoy este gran poeta, nuestro amigo, se llama Estrella Resplandeciente!

RUBÉN.— ¡Admirable! ¡Max, es preciso huir de la bohemia!

DON LATINO.— ¡Está opulento! ¡Guarda dos papiros de piel de contribuyente!

MAX.— ¡Esta tarde tuve que empeñar la capa, y esta noche te convido a cenar! ¡A cenar con el rubio Champaña, Rubén!

RUBÉN.— ¡Admirable! Como Martín de Tours, partes conmigo la capa, transmudada en cena. ¡Admirable!

DON LATINO.— ¡Mozo, la carta! Me parece un poco exagerado pedir vinos franceses. ¡Hay que pensar en el mañana, caballeros!

MAX.— ¡No pensemos!

DON LATINO.— Compartiría tu opinión, si con el café, la copa y el puro nos tomásemos un veneno.

MAX.— ¡Miserable burgués!

DON LATINO.— Querido Max, hagamos un trato. Yo me bebo modestamente una chica de cerveza, y tú me apoquinas en pasta lo que me había de costar la bebecua.

RUBÉN.— No te apartes de los buenos ejemplos, don Latino.

DON LATINO.— Servidor no es un poeta. Yo me gano la vida con más trabajo que haciendo versos.

RUBÉN.— Yo también estudio las matemáticas celestes.

DON LATINO.— ¡Perdón entonces! Pues sí, señor, aun cuando me veo reducido al extremo de vender entregas, soy un adepto de la gnosis y la magia.

RUBÉN.— ¡Yo lo mismo!

DON LATINO.— Recuerdo que alguna cosa alcanzabas.

RUBÉN.— Yo he sentido que los elementales son conciencias.

DON LATINO.—¡Indudable! ¡Indudable! ¡Indudable! ¡Conciencias, voluntades y potestades!

RUBÉN.— Mar y tierra, fuego y viento, divinos monstruos. ¡Posiblemente divinos porque son eternidades!

MAX.— Eterna la Nada.

DON LATINO.— Y el fruto de la Nada: los cuatro elementales, simbolizados en los cuatro evangelistas. La creación, que es pluralidad, solamente comienza en el cuatrivio. Pero de la Trina Unidad, se desprende el Número. ¡Por eso el Número es sagrado!

MAX.— ¡Calla, Pitágoras! Todo eso lo has aprendido en tus intimidades con la vieja Blavastky.

DON LATINO.— ¡Max, esas bromas no son tolerables! ¡Eres un espíritu profundamente irreligioso y volteriano! Madame Blavastky ha sido una mujer extraordinaria, y no debes profanar con burlas el culto de su memoria. Pudieras verte castigado por alguna camarrupa de su karma. ¡Y no sería el primer caso!

RUBÉN.— ¡Se obran prodigios! Afortunadamente no los vemos ni los entendemos. Sin esta ignorancia, la vida sería un enorme sobrecogimiento.

MAX.— ¿Tú eres creyente, Rubén?

RUBÉN.— ¡Yo creo!

MAX.— ¿En Dios?

RUBÉN.— ¡Y en el Cristo!

MAX.— ¿Y en las llamas del Infierno?

RUBÉN.— ¡Y más todavía en las músicas del Cielo!

MAX.— ¡Eres un farsante, Rubén!

RUBÉN.— ¡Seré un ingenuo!

MAX.— ¿No estás posando?

RUBÉN.— ¡No!

MAX.— Para mí, no hay nada tras la última mueca. Si hay algo, vendré a decírtelo.

RUBÉN.— ¡Calla, Max, no quebrantemos los humanos sellos!

MAX.— Rubén, acuérdate de esta cena. Y ahora, mezclemos el vino con las rosas de tus versos. Te escuchamos.

(Rubén se recoge estremecido, el gesto de ídolo, evocador de terrores y misterios. Max Estrella, un poco enfático, le alarga la mano. Llena los vasos don Latino. Rubén sale de su meditación con la tristeza vasta y enorme esculpida en los ídolos aztecas.)

RUBÉN.— Veré si recuerdo una peregrinación a Compostela... Son mis últimos versos.

MAX.— ¿Se han publicado? Si se han publicado, me los habrán leído, pero en tu boca serán nuevos.

RUBÉN.— Posiblemente no me acordaré.

(Un joven que escribe en la mesa vecina, y al parecer traduce, pues tiene ante los ojos un libro abierto y cuartillas en rimero, se inclina tímidamente hacia Rubén Darío.)

EL JOVEN.— Maestro, donde usted no recuerde, yo podría apuntarle.

RUBÉN.— ¡Admirable!

MAX.— ¿Dónde se han publicado?

EL JOVEN.— Yo los he leído manuscritos. Iban a ser publicados en una revista que murió antes de nacer.

MAX.— ¿Sería una revista de Paco Villaespesa?

EL JOVEN.— Yo he sido su secretario.

DON LATINO.— Un gran puesto.

MAX.— Tú no tienes nada que envidiar, Latino.

EL JOVEN.— ¿Se acuerda usted, maestro?

(Rubén asiente con un gesto sacerdotal, y tras de humedecer los labios en la copa, recita lento y cadencioso, como en sopor, y destaca su esfuerzo por distinguir de eses y cedas.)

RUBÉN.—

¡¡¡La ruta tocaba a su fin,

Y en el rincón de un quicio obscuro,

Nos repartimos un pan duro

Con el Marqués de Bradomín!!!

EL JOVEN.— Es el final, maestro.

RUBÉN.— Es la ocasión para beber por nuestro estelar amigo.

MAX.— ¡Ha desaparecido del mundo!

RUBÉN.— Se prepara a la muerte en su aldea, y su carta de despedida fue la ocasión de estos versos. ¡Bebamos a la salud de un exquisito pecador!

MAX.— ¡Bebamos!

(Levanta su copa, y gustando el aroma del ajenjo, suspira y evoca el cielo lejano de París. Piano y violín atacan un aire de opereta, y la parroquia del café lleva el compás con las cucharillas en los vasos. Después de beber, los tres desterrados confunden sus voces hablando en francés. Recuerdan y proyectan las luces de la fiesta divina y mortal. ¡París! ¡Cabaretes! ¡Ilusión! Y en el ritmo de las frases, desfila, con su pata coja, Papá Verlaine.)

ESCENA DÉCIMA

(PASEO CON JARDINES. El cielo raso y remoto. La luna lunera. Patrullas de caballería. Silencioso y luminoso rueda un auto. En la sombra clandestina de los ramajes, merodean mozuelas pingonas y viejas pintadas como caretas. Repartidos por las sillas del paseo, yacen algunos bultos durmientes. Max Estrella y don Latino caminan bajo las sombras del paseo. El perfume primaveral de las lilas embalsama la humedad de la noche.)

UNA VIEJA PINTADA.— ¡Morenos! ¡Chis!... ¡Morenos! ¿Queréis venir un ratito?

DON LATINO.— Cuando te pongas los dientes.

LA VIEJA PINTADA.— ¡No me dejáis siquiera un pitillo!

DON LATINO.— Te daré *La Corres*, para que te ilustres; publica una carta de Maura.

LA VIEJA PINTADA.— Que le den morcilla.

DON LATINO.— Se la prohíbe el rito judaico.

LA VIEJA PINTADA.— ¡Mira el camelista! Esperaros, que llamo a una amiguita. ¡Lunares! ¡Lunares!

(Surge la Lunares, una mozuela pingona, medias blancas, delantal, toquilla y alpargatas. Con risa desvergonzada se detiene en la sombra del jardinillo.)

LA LUNARES.— ¡Ay, qué pollos más elegantes! Vosotros me sacáis esta noche de la calle.

LA VIEJA PINTADA.— Nos ponen piso.

LA LUNARES.— Dejadme una perra, y me completáis una peseta para la cama.

LA VIEJA PINTADA.— ¡Roñas, siquiera un pitillo!

MAX.— Toma un habano.

LA VIEJA PINTADA.— ¡Guasíbilis!

LA LUNARES.— Apáñalo, panoli.

LA VIEJA PINTADA.— ¡Sí que lo apaño! ¡Y es de sortija!

LA LUNARES.— Ya me permitirás alguna chupada.

LA VIEJA PINTADA.— Este me lo guardo.

LA LUNARES.— Para el rey de Portugal.

LA VIEJA PINTADA.— ¡Infeliz! ¡Para el de la higiene!

LA LUNARES.— ¿Y vosotros, astrónomos, no hacéis una calaverada?

(Las dos prójimas han evolucionado sutiles y clandestinas bajo las sombras del paseo: la vieja pintada está a la vera de don Latino de Hispalis; la Lunares, a la vera de Mala Estrella.)

LA LUNARES.— ¡Mira qué limpios llevo los bajos!

MAX.— Soy ciego.

LA LUNARES.— ¡Algo verás!

MAX.— ¡Nada!

LA LUNARES.— Tócame. Estoy muy dura.

MAX.— ¡Un mármol!

(La mozuela, con una risa procaz, toma la mano del poeta, y la hace tantear sobre sus hombros, y la oprime sobre los senos. La vieja, sórdida bajo la máscara de albayalde, descubre las encías sin dientes, y tienta capciosa a don Latino.)

LA VIEJA PINTADA.— Hermoso, vente conmigo, que ya tu compañero se entiende con la Lunares. No te receles. ¡Ven! Si se acerca algún guindilla, lo apartamos con el puro habanero.

(Se lo lleva sonriendo, blanca y fantasmal. Cuchicheos.

Se pierden entre los árboles del jardín. Parodia grotesca del Jardín de Armida. Mala Estrella y la otra prójima quedan aislados sobre la orilla del paseo.)

LA LUNARES.— Pálpame el pecho... No tengas reparo... ¡Tú eres un poeta!

MAX.— ¿En qué lo has conocido?

LA LUNARES.— En la peluca de nazareno. ¿Me engaño?

MAX.— No te engañas.

LA LUNARES.— Si cuadrase que yo te pusiese al tanto de mi vida, sacabas una historia de las primeras. Responde: ¿cómo me encuentras?

MAX.— ¡Una ninfa!

LA LUNARES.— ¡Tienes el hablar muy dilustrado! Tu acompañante ya se concertó con la Cotillona. Ven. Entrégame la mano. Vamos a situarnos en un lugar más oscuro. Verás cómo te cachondeo.

MAX.— Llévame a un banco para esperar a ese cerdo hispalense.

LA LUNARES.— No chanelo.

MAX.— Hispalis es Sevilla.

LA LUNARES.— Lo será en cañí. Yo soy chamberilera.

MAX.— ¿Cuántos años tienes?

LA LUNARES.— Pues no sé los que tengo.

MAX.— ¿Y es siempre aquí tu parada nocturna?

LA LUNARES.— Las más de las veces.

MAX.— ¡Te ganas honradamente la vida!

LA LUNARES.— Tú no sabes con cuántos trabajos. Yo miro mucho lo que hago. La Cotillona me habló para llevarme a una casa. ¡Una casa de mucho postín! No quise ir... Acostarme no me acuesto... Yo guardo el pan de higos para el gachó que me sepa camelar. ¿Por qué no lo pretendes?

MAX.— Me falta tiempo.

LA LUNARES.— Inténtalo para ver lo que sacas. Te advierto que me estás gustando.

MAX.— Te advierto que soy un poeta sin dinero.

LA LUNARES.— ¿Serías tú, por un casual, el que sacó las coplas de Joselito?

MAX.— ¡Ese soy!

LA LUNARES.— ¿De verdad?

MAX.— De verdad.

LA LUNARES.— Dilas.

MAX.— No las recuerdo.

LA LUNARES.— Porque no las sacaste de tu sombrerera. Sin mentira, ¿cuáles son las tuyas?

MAX.— Las del Espartero.

LA LUNARES.— ¿Y las recuerdas?

MAX.— Y las canto como un flamenco.

LA LUNARES.— ¡Que no eres capaz!

MAX.— ¡Tuviera yo una guitarra!

LA LUNARES.— ¿La entiendes?

MAX.— Para algo soy ciego.

LA LUNARES.— ¡Me estás gustando!

MAX.— No tengo dinero.

LA LUNARES.— Con pagar la cama concluyes. Si quedas contento y quieres convidarme a un café con churros, tampoco me niego.

(Máximo Estrella, con tacto de ciego, le pasa la mano por el óvalo del rostro, la garganta y los hombros. La pindonga ríe con dejo sensual de cosquillas. Quítase del moño un peinecillo gitano, y con él peinando los tufos, redobla la risa y se desmadeja.)

LA LUNARES.— ¿Quieres saber cómo soy? ¡Soy muy negra y muy fea!

MAX.— ¡No lo pareces! Debes tener quince años.

LA LUNARES.— Esos mismos tendré. Ya pasa de tres que me visita el nuncio. No lo pienses más y vamos. Aquí cerca hay una casa muy decente.

MAX.— ¿Y cumplirás tu palabra?

LA LUNARES.— ¿Cuála? ¿Dejar que te comas el pan de higos? ¡No me pareces bastante flamenco! ¡Qué mano tienes! No me palpes más la cara. Pálpame el cuerpo.

MAX.— ¿Eres pelinegra?

LA LUNARES.— ¡Lo soy!

MAX.— Hueles a nardos.

LA LUNARES.— Porque los he vendido.

MAX.— ¿Cómo tienes los ojos?

LA LUNARES.— ¿No lo adivinas?

MAX.— ¿Verdes?

LA LUNARES.— Como la Pastora Imperio. Toda yo parezco una gitana.

(De la oscuridad surge la brasa de un cigarro y la tos asmática de don Latino. Remotamente, sobre el asfalto sonoro, se acompasa el trote de una patrulla de caballería. Los focos de un auto. El farol de un sereno. El quicio de una verja. Una sombra clandestina. El rostro de albayalde de otra vieja peripatética. Diferentes sombras.)

ESCENA UNDÉCIMA

(UNA CALLE DEL MADRID AUSTRIACO. Las tapias de un convento. Un casón de nobles. Las luces de una taberna. Un grupo consternado de vecinas, en la acera. Una mujer, despechugada y ronca, tiene en los brazos a su niño muerto, la sien traspasada por el agujero de una bala. Max Estrella y don Latino hacen un alto.)

MAX.— También aquí se pisan cristales rotos.

DON LATINO.— ¡La zurra ha sido buena!

MAX.— ¡Canallas!... ¡Todos!... ¡Y los primeros nosotros, los poetas!...

DON LATINO.— ¡Se vive de milagro!

LA MADRE DEL NIÑO.— ¡Maricas cobardes! ¡El fuego del Infierno os abrase las negras entrañas! ¡Maricas, cobardes!

MAX.— ¿Qué sucede, Latino? ¿Quién llora? ¿Quién grita con tal rabia?

DON LATINO.— Una verdulera, que tiene a su chico muerto en los brazos.

MAX.— ¡Me ha estremecido esa voz trágica!

LA MADRE DEL NIÑO.— ¡Sicarios! ¡Asesinos de criaturas!

EL EMPEÑISTA.— Está con algún trastorno, y no mide palabras.

EL GUARDIA.— La autoridad también se hace el cargo.

EL TABERNERO.— Son desgracias inevitables para el restablecimiento del orden.

EL EMPEÑISTA.— Las turbas anárquicas me han destrozado el escaparate.

LA PORTERA.— ¿Cómo no anduvo usted más vivo en echar los cierres?

EL EMPEÑISTA.— Me tomó el tumulto fuera de casa. Supongo que se acordará el pago de daños a la propiedad privada.

EL TABERNERO.— El pueblo que roba en los establecimientos públicos, donde se le abastece, es un pueblo sin ideales patrios.

LA MADRE DEL NIÑO.— ¡Verdugos del hijo de mis entrañas!

UN ALBAÑIL.— El pueblo tiene hambre.

EL EMPEÑISTA.— Y mucha soberbia.

LA MADRE DEL NIÑO.— ¡Maricas, cobardes!

UNA VIEJA.— ¡Ten prudencia, Romualda!

LA MADRE DEL NIÑO.— ¡Que me maten como a este rosal de mayo!

LA TRAPERA.— ¡Un inocente sin culpa! ¡Hay que considerarlo!

EL TABERNERO.— Siempre saldréis diciendo que no hubo los toques de Ordenanza.

EL RETIRADO.— Yo los he oído.

LA MADRE DEL NIÑO.— ¡Mentira!

EL RETIRADO.— Mi palabra es sagrada.

EL EMPEÑISTA.— El dolor te enloquece, Romualda.

LA MADRE DEL NIÑO.—¡Asesinos! ¡Veros es ver al verdugo!

EL RETIRADO.— El Principio de Autoridad es inexorable.

EL ALBAÑIL.— Con los pobres. Se ha matado, por defender al comercio, que nos chupa la sangre.

EL TABERNERO.— Y que paga sus contribuciones, no hay que olvidarlo.

EL EMPEÑISTA.— El comercio honrado no chupa la sangre de nadie.

LA PORTERA.— ¡Nos quejamos de vicio!

EL ALBAÑIL.— La vida del proletario no representa nada para el Gobierno.

MAX.— Latino, sácame de este círculo infernal.

(Llega un tableteo de fusilada. El grupo se mueve en confusa y medrosa alerta. Descuella el grito ronco de la mujer que, al ruido de las descargas, aprieta a su niño muerto en los brazos.)

LA MADRE DEL NIÑO.— ¡Negros fusiles, matadme también con vuestros plomos!

MAX.— Esa voz me traspasa.

LA MADRE DEL NIÑO.— ¡Que tan fría, boca de nardo!

MAX.— ¡Jamás oí voz con esa cólera trágica!

DON LATINO.— Hay mucho de teatro.

MAX.— ¡Imbécil!

(El farol, el chuzo, la caperuza del sereno bajan con un trote de madreñas por la acera.)

EL EMPEÑISTA.— ¿Qué ha sido, sereno?

EL SERENO.— Un preso que ha intentado fugarse.

MAX.— Latino, ya no puedo gritar... ¡Me muero de rabia!... Estoy mascando ortigas. Ese muerto sabía su fin... No le asustaba, pero temía el tormento... La Leyenda Negra, en estos días menguados, es la Historia de España. Nuestra vida es un círculo dantesco. Rabia y vergüenza. Me muero de hambre, satisfecho de no haber llevado una triste velilla en la trágica mojiganga. ¿Has oído los comentarios de esa gente, viejo canalla? Tú eres como ellos. Peor que ellos, porque no tienes una peseta, y propagas la mala literatura, por entregas. Latino, vil corredor de aventuras insulsas, llévame al viaducto. Te invito a regenerarte con un vuelo.

DON LATINO.— ¡Max, no te pongas estupendo!

ESCENA DUODÉCIMA

(RINCONADA EN COSTANILLA Y UNA IGLE-SIA BARROCA POR FONDO. Sobre las campanas negras, la luna clara. Don Latino y Max Estrella filosofan sentados en el quicio de una puerta. A lo largo de su coloquio, se torna lívido el cielo. En el alero de la iglesia pían algunos pájaros. Remotos albores de amanecida. Ya se han ido los serenos, pero aún están las puertas cerradas. Despiertan las porteras.)

MAX.— ¿Debe estar amaneciendo?

DON LATINO.— Así es.

MAX.— ¡Y qué frío!

DON LATINO.— Vamos a dar unos pasos.

MAX.— Ayúdame, que no puedo levantarme. ¡Estoy aterido!

DON LATINO.— ¡Mira que haber empeñado la capa!

MAX.— Préstame tu carrik, Latino.

DON LATINO.— ¡Max, eres fantástico!

MAX.— Ayúdame a ponerme en pie.

DON LATINO.— ¡Arriba, carcunda!

MAX.— ¡No me tengo!

DON LATINO.— ¡Qué tuno eres!

MAX.— ¡Idiota!

DON LATINO.— ¡La verdad es que tienes una fisonomía algo rara!

MAX.— ¡Don Latino de Hispalis, grotesco personaje, te inmortalizaré en una novela!

DON LATINO.— Una tragedia, Max.

MAX.— La tragedia nuestra no es tragedia.

DON LATINO.— ¡Pues algo será!

MAX.— El Esperpento.

DON LATINO.— No tuerzas la boca, Max.

MAX.— ¡Me estoy helando!

DON LATINO.— Levántate. Vamos a caminar.

MAX.— No puedo.

DON LATINO.— Deja esa farsa. Vamos a caminar.

MAX.— Échame el aliento. ¿A dónde te has ido, Latino?

DON LATINO.— Estoy a tu lado.

MAX.— Como te has convertido en buey, no podía

reconocerte. Échame el aliento, ilustre buey del pesebre belenita. ¡Muge, Latino! Tú eres el cabestro, y si muges vendrá el Buey Apis. Le torearemos.

DON LATINO.— Me estás asustando. Debías dejar esa broma.

MAX.— Los ultraístas son unos farsantes. El esperpentismo lo ha inventado Goya. Los héroes clásicos han ido a pasearse en el callejón del Gato.

DON LATINO.— ¡Estás completamente curda!

MAX.— Los héroes clásicos reflejados en los espejos cóncavos dan el Esperpento. El sentido trágico de la vida española solo puede darse con una estética sistemáticamente deformada.

DON LATINO.— ¡Miau! ¡Te estás contagiando!

MAX.— España es una deformación grotesca de la civilización europea.

DON LATINO.— ¡Pudiera! Yo me inhibo.

MAX.— Las imágenes más bellas en un espejo cóncavo son absurdas.

DON LATINO.— Conforme. Pero a mí me divierte mirarme en los espejos de la calle del Gato.

MAX.— Y a mí. La deformación deja de serlo cuando está sujeta a una matemática perfecta. Mi estética actual es transformar con matemática de espejo cóncavo las normas clásicas.

DON LATINO.— ¿Y dónde está el espejo?

MAX.— En el fondo del vaso.

DON LATINO.— ¡Eres genial! ¡Me quito el cráneo!

MAX.— Latino, deformemos la expresión en el mismo espejo que nos deforma las caras y toda la vida miserable de España.

DON LATINO.— Nos mudaremos al callejón del Gato.

MAX.— Vamos a ver qué palacio está desalquilado. Arrímame a la pared. ¡Sacúdeme!

DON LATINO.— No tuerzas la boca.

MAX.— Es nervioso. ¡Ni me entero!

DON LATINO.— ¡Te traes una guasa!

MAX.— Préstame tu carrik.

DON LATINO.— ¡Mira cómo me he quedado de un aire!

MAX.— No me siento las manos y me duelen las uñas. ¡Estoy muy malo!

DON LATINO.— Quieres conmoverme, para luego tomarme la coleta.

MAX.— Idiota, llévame a la puerta de mi casa y déjame morir en paz.

DON LATINO.— La verdad sea dicha, no madrugan en nuestro barrio.

MAX.— Llama.

(Don Latino de Hispalis, volviéndose de espalda, comienza a cocear en la puerta. El eco de los golpes tolondrea por el ámbito lívido de la costanilla, y como en respuesta a una provocación, el reloj de la iglesia da cinco campanadas bajo el gallo de la veleta.)

MAX.— ¡Latino!

DON LATINO.— ¿Qué antojas? ¡Deja la mueca!

MAX.— ¡Si Collet estuviese despierta!... Ponme en pie para darle una voz.

DON LATINO.— No llega tu voz a ese quinto cielo.

MAX.— ¡Collet! ¡Me estoy aburriendo!

DON LATINO.— No olvides al compañero.

MAX.— Latino, me parece que recobro la vista. ¿Pero cómo hemos venido a este entierro? ¡Esa apoteosis es de París! ¡Estamos en el entierro de Víctor Hugo! Oye, Latino, pero ¿cómo vamos nosotros presidiendo?

DON LATINO.— No te alucines, Max.

MAX.— Es incomprensible cómo veo.

DON LATINO.— Ya sabes que has tenido esa misma ilusión otras veces.

MAX.— ¿A quién enterramos, Latino?

DON LATINO.— Es un secreto que debemos ignorar.

MAX.— ¡Cómo brilla el sol en las carrozas!

DON LATINO.— Max, si todo cuanto dices no fuese una broma, tendría una significación teosófica... En un entierro presidido por mí, yo debo ser el muerto... Pero por esas coronas, me inclino a pensar que el muerto eres tú.

MAX.— Voy a complacerte. Para quitarte el miedo del augurio, me acuesto a la espera. ¡Yo soy el muerto! ¿Qué dirá mañana esa canalla de los periódicos?, se preguntaba el paria catalán.

(Máximo Estrella se tiende en el umbral de su puerta. Cruza la Costanilla un perro golfo que corre en zigzag. En el centro, encoge la pata y se orina. El ojo legañoso, como un poeta, levantado al azul de la última estrella.)

MAX.— Latino, entona el gori-gori.

DON LATINO.— Si continúas con esa broma macabra, te abandono.

MAX.— Yo soy el que se va para siempre.

DON LATINO.— Incorpórate, Max. Vamos a caminar.

MAX.— Estoy muerto.

DON LATINO.— ¡Que me estás asustando! Max, vamos a caminar. Incorpórate. ¡No tuerzas la boca, condenado! ¡Max! ¡Max! ¡Condenado, responde!

MAX.— Los muertos no hablan.

DON LATINO.— Definitivamente, te dejo.

MAX.— ¡Buenas noches!

(Don Latino de Hispalis se sopla los dedos arrecidos y camina unos pasos, encorvándose bajo su carrik pingón, orlado de cascarrias. Con una tos gruñona retorna al lado de Max Estrella. Procura incorporarle hablándole a la oreja.)

DON LATINO.— Max, estás completamente borracho y sería un crimen dejarte la cartera encima, para que te la roben. Max, me llevo tu cartera y te la devolveré mañana.

(Finalmente se eleva tras de la puerta la voz achulada de una vecina. Resuenan pasos dentro del zaguán. Don Latino se cuela por un callejón.)

LA VOZ DE LA VECINA.— ¡Señá Flora! ¡Señá Flora! Se le han apegado a usted las mantas de la cama.

LA VOZ DE LA PORTERA.— ¿Quién es? Esperarse que encuentre la caja de mixtos.

LA VECINA.— ¡Señá Flora!

LA PORTERA.— Ahora salgo. ¿Quién es?

LA VECINA.— ¡Está usted marmota! ¿Quién será? ¡La Cuca, que se camina al lavadero!

LA PORTERA.— ¡Ay, qué centella de mixtos! ¿Son horas?

LA VECINA.— ¡Son horas y pasan de serlo!

(Se oye el paso cansino de una mujer en chanclas. Sigue el murmullo de las voces. Rechina la cerradura, y aparecen en el hueco de la puerta dos mujeres: la una, canosa, viva y agalgada, con un saco de ropa cargado sobre la cadera; la otra, jamona, refajo colorado, pañuelo pingón sobre los hombros, greñas y chancletas. El cuerpo del bohemio resbala y queda acostado sobre el umbral al abrirse la puerta.)

LA VECINA.— ¡Santísimo Cristo, un hombre muerto!

LA PORTERA.— Es Don Max, el poeta, que la ha pescado.

LA VECINA.— ¡Está del color de la cera!

LA PORTERA.— Cuca, por tu alma, quédate a la mira un instante mientras subo el aviso a Madama Collet.

(La portera sube la escalera chancleando. Se la oye renegar. La Cuca, viéndose sola, con aire medroso, toca las manos del bohemio, y luego se inclina a mirarle los ojos entreabiertos bajo la frente lívida.)

LA VECINA.— ¡Santísimo Señor! ¡Esto no lo dimana la bebida! ¡La muerte talmente representa! ¡Señá Flora! ¡Señá Flora! ¡Que no puedo demorarme! ¡Ya se me voló un cuarto de día! ¡Que se queda esto a la vindicta pública, señá Flora! ¡Propia la muerte!

ESCENA DECIMATERCIA

(VELORIO EN UN SOTABANCO. Madama Collet y Claudinita, desgreñadas y macilentas, lloran al muerto, ya tendido en la angostura de la caja, amortajado con una sábana, entre cuatro velas. Astillando una tabla, el brillo de un clavo aguza su punta sobre la sien inerme. La caja, embetunada de luto por fuera, y por dentro de tablas de pino sin labrar ni pintar, tiene una sórdida esterilla que amarillea. Está posada sobre las baldosas, de esquina a esquina, y las dos mujeres, que lloran en los ángulos, tienen en las manos cruzadas el reflejo de las velas. Dorio de Gádex, Clarinito y Pérez, arrimados a la pared, son tres fúnebres fantoches en hilera. Repentinamente, entrometiéndose en el duelo, cloquea un rajado repique, la campanilla de la escalera.)

DORIO DE GÁDEX.— A las cuatro viene la funeraria.

CLARINITO.— No puede ser esa hora.

DORIO DE GÁDEX.— ¿Usted no tendrá reloj, Madama Collet?

MADAMA COLLET.— ¡Que no me lo lleven todavía! ¡Que no me lo lleven!

PÉREZ.— No puede ser la funeraria.

DORIO DE GÁDEX.— ¡Ninguno tiene reloj! ¡No hay duda que somos unos potentados!

(Claudinita, con andar cansado, trompicando, ha salido para abrir la puerta. Se oye rumor de voces y la tos de don Latino de Hispalis. La tos clásica del tabaco y del aguardiente.)

DON LATINO.— ¡Ha muerto el genio! ¡No llores, hija mía! ¡Ha muerto, y no ha muerto!... ¡El genio es inmortal!... ¡Consuélate, Claudinita, porque eres la hija del primer poeta español! ¡Que te sirva de consuelo saber que eres la hija de Víctor Hugo! ¡Una huérfana ilustre! ¡Déjame que te abrace!

CLAUDINITA.— ¡Usted está borracho!

DON LATINO.— Lo parezco. Sin duda lo parezco. ¡Es el dolor!

CLAUDINITA.— ¡Si tumba el vaho de aguardiente!

DON LATINO.— ¡Es el dolor! ¡Un efecto del dolor, estudiado científicamente por los alemanes!

(Don Latino tambaléase en la puerta, con el cartapacio de las revistas en bandolera, y el perrillo sin rabo y sin orejas entre las cañotas. Trae los espejuelos

alzados sobre la frente, y se limpia los ojos
chispones con un pañuelo mugriento.)

CLAUDINITA.— Viene a dos velas.

DORIO DE GÁDEX.— Para el funeral. ¡Siempre correcto!

DON LATINO.— Max, hermano mío, si menor en años...

DORIO DE GÁDEX.— Mayor en prez. Nos adivinamos.

DON LATINO.— ¡Justamente! Tú lo has dicho, bellaco.

DORIO DE GÁDEX.— Antes lo había dicho el maestro.

DON LATINO.— ¡Madama Collet, es usted una viuda ilustre, y en medio de su intenso dolor debe usted sentirse orgullosa de haber sido la compañera del primer poeta español! ¡Murió pobre, como debe morir el genio! ¡Max, ya no tienes una palabra para tu perro fiel! ¡Max, hermano mío, si menor en años, mayor en...

DORIO DE GÁDEX.— Prez.

DON LATINO.— Ya podías haberme dejado terminar, ¡majadero! ¡Jóvenes modernistas, ha muerto el maestro, y os llamáis todos de tú en el Parnaso

Hispano-Americano! ¡Yo tenía apostado con este cadáver frío, sobre cuál de los dos emprendería primero el viaje, y me ha vencido en esto, como en todo! ¡Cuántas veces cruzamos la misma apuesta! ¿Te acuerdas, hermano? ¡Te has muerto de hambre, como yo voy a morir, como moriremos todos los españoles dignos! ¡Te habían cerrado todas las puertas, y te has vengado muriéndote de hambre! ¡Bien hecho! ¡Que caiga esa vergüenza sobre los cabrones de la Academia! ¡En España es un delito el talento!

(Don Latino se dobla, y besa la frente del muerto. El perrillo, a los pies de la caja, entre el reflejo inquietante de las velas, agita el muñón del rabo. Madama Collet levanta la cabeza con un gesto doloroso dirigido a los tres fantoches en hilera.)

MADAMA COLLET.— ¡Por Dios, llévenselo ustedes al pasillo!

DORIO DE GÁDEX.— Habrá que darle amoníaco. ¡La trae de alivio!

CLAUDINITA.— ¡Pues que la duerma! ¡Le tengo una hincha!

DON LATINO.— ¡Claudinita! ¡Flor temprana!

CLAUDINITA.— ¡Si papá no sale ayer tarde, está vivo!

DON LATINO.— ¡Claudinita, me acusas injustamente! ¡Estás ofuscada por el dolor!

CLAUDINITA.— ¡Golfo! ¡Siempre estorbando!

DON LATINO.— ¡Yo sé que tú me quieres!

DORIO DE GÁDEX.— Vamos a darnos unas vueltas en el corredor, don Latino.

DON LATINO.— ¡Vamos! ¡Esta escena es demasiado dolorosa!

DORIO DE GÁDEX.— Pues no la prolonguemos.

(Dorio de Gádex empuja al encurdado vejete, y le va llevando hacia la puerta. El perrillo salta por encima de la caja y los sigue, dejando en el salto torcida una vela. En la fila de fantoches pegados a la pared, queda un hueco lleno de sugestiones.)

DON LATINO.— Te convido a unas tintas. ¿Qué dices?

DORIO DE GÁDEX.— Ya sabe usted que soy un hombre complaciente, don Latino.

(Desaparecen en la rojiza penumbra del corredor, largo y triste, con el gato al pie del botijo y el reflejo almagreño de los baldosines. Claudinita los ve salir

encendidos de ira los ojos. Después se hinca a llorar con
una crisis nerviosa y muerde el pañuelo que estruja
entre las manos.)

CLAUDINITA.— ¡Me crispa! ¡No puedo verlo! ¡Ese hombre es el asesino de papá!

MADAMA COLLET.— ¡Por Dios, hija, no digas demencias!

CLAUDINITA.— El único asesino. ¡Le aborrezco!

MADAMA COLLET.— Era fatal que llegase este momento, y sabes que lo esperábamos... Le mató la tristeza de verse ciego... No podía trabajar y descansa.

CLARINITO.— Verá usted cómo ahora todos reconocen su talento.

PÉREZ.— Ya no proyecta sombra.

MADAMA COLLET.— Sin el aplauso de ustedes, los jóvenes que luchan pasando mil miserias, hubiera estado solo estos últimos tiempos.

CLAUDINITA.— ¡Más solo que estaba!

PÉREZ.— El maestro era un rebelde como nosotros.

MADAMA COLLET.— ¡Max, pobre amigo, tú solo te mataste! ¡Tú, solamente, sin acordar de estas pobres mujeres! ¡Y toda la vida has trabajado para matarte!

CLAUDINITA.— ¡Papá era muy bueno!

MADAMA COLLET.— ¡Solo fue malo para sí!

(Aparece en la puerta un hombre alto, abotonado, escueto, grandes barbas rojas de judío anarquista y ojos envidiosos, bajo el testuz de bisonte obstinado. Es un fripón periodista alemán, fichado en los registros policíacos como anarquista ruso, y conocido por el falso nombre de Basilio Soulinake.)

BASILIO SOULINAKE.— ¡Paz a todos!

MADAMA COLLET.— ¡Perdone usted, Basilio! ¡No tenemos siquiera una silla que ofrecerle!

BASILIO SOULINAKE.— ¡Oh! No se preocupe usted de mi persona. De ninguna manera. No lo consiento, Madama Collet. Y me dispense usted a mí si llego con algún retraso, como la guardia valona, que dicen ustedes siempre los españoles. En la taberna donde comemos algunos emigrados eslavos, acabo de tener la referencia de que había muerto mi amigo Máximo Estrella. Me ha dado el periódico el chico de Pica Lagartos. ¿La muerte vino de improviso?

MADAMA COLLET.— ¡Un colapso! No se cuidaba.

BASILIO SOULINAKE.— ¿Quién certificó la defunción? En España son muy buenos los médicos, y como los mejores de otros países. Sin embargo, una autoridad completamente mundial les falta a los españoles. No es como sucede en Alemania. Yo tengo estudiado durante diez años medicina, y no soy doctor. Mi primera impresión al entrar aquí ha sido la de hallarme en presencia de un hombre dormido, nunca de un muerto. Y en esa primera impresión me empecino, como dicen los españoles. Madama Collet, tiene usted una gran responsabilidad. ¡Mi amigo Max Estrella no está muerto! Presenta todos los caracteres de un interesante caso de catalepsia.

(Madama Collet y Claudinita se abrazan con un gran grito, repentinamente aguzados los ojos, manos crispadas, revolantes sobre la frente las sortijillas del pelo. Señá Flora, la portera, llega acezando. La pregonan el resuello y sus chancletas.)

LA PORTERA.— ¡Ahí está la carroza! ¿Son ustedes suficientes para bajar el cuerpo del finado difunto? Si no lo son, subirá mi esposo.

CLARINITO.— Gracias, nosotros nos bastamos.

BASILIO SOULINAKE.— Señora portera, usted debe comunicarle al conductor del coche fúnebre que se aplaza el sepelio. Y que se vaya con viento fresco. ¿No es así como dicen ustedes los españoles?

MADAMA COLLET.— ¡Que espere!... Puede usted equivocarse, Basilio.

LA PORTERA.— ¡Hay bombines y javiques en la calle, y si no me engaño, un coche de galones! ¡Cuidado lo que es el mundo, parece el entierro de un concejal! ¡No me pensaba yo que tanto representaba el finado! Madama Collet, ¿qué razón le doy al gachó de la carroza? ¡Porque ese tío no se espera! Dice que tiene otro viaje en la calle de Carlos Rubio.

MADAMA COLLET.— ¡Válgame Dios! Yo estoy incierta.

LA PORTERA.— ¡Cuatro Caminos! ¡Hay que ver, más de una legua, y no le queda tarde!

CLAUDINITA.— ¡Que se vaya! ¡Que no vuelva!

MADAMA COLLET.— Si no puede esperar... Sin duda...

LA PORTERA.— Le cuesta a usted el doble, total por tener el fiambre unas horas más en casa. ¡Deje usted que se lo lleven, Madama Collet!

MADAMA COLLET.— ¡Y si no estuviese muerto!

LA PORTERA.— ¿Que no está muerto? Ustedes sin

salir de este aire no perciben la corrupción que tiene.

BASILIO SOULINAKE.— ¿Podría usted decirme, señora portera, si tiene usted hecho estudios universitarios acerca de medicina? Si usted los tiene, yo me callo y no hablo más. Pero si usted no los tiene, me permitirá de no darle beligerancia, cuando yo soy a decir que no está muerto, sino cataléptico.

LA PORTERA.— ¿Que no está muerto? ¡Muerto y corrupto!

BASILIO SOULINAKE.— Usted, sin estudios universitarios, no puede tener conmigo controversia. La democracia no excluye las categorías técnicas, ya usted lo sabe, señora portera.

LA PORTERA.— ¡Un rato largo! ¿Con que no está muerto? ¡Habría usted de estar como él! Madama Collet, ¿tiene usted un espejo? Se lo aplicamos a la boca y verán ustedes como no lo alienta.

BASILIO SOULINAKE.— ¡Esa es una comprobación anticientífica! Como dicen siempre ustedes todos los españoles: un me alegro mucho de verte bueno. ¿No es así como dicen?

LA PORTERA.— Usted ha venido aquí a dar un mitin y a soliviantar con alicantinas a estas pobres mujeres, que harto tienen con sus penas y sus deudas.

BASILIO SOULINAKE.— Puede usted seguir hablando, señora portera. Ya ve usted que yo no la interrumpo.

(Aparece en el marco de la puerta el cochero de la carroza fúnebre: narices de borracho, chisterón viejo con escarapela, casaca de un luto raído, peluca de estopa, y canillejas negras.)

EL COCHERO.— ¡Que son las cuatro y tengo otro parroquiano en la calle de Carlos Rubio!

BASILIO SOULINAKE.— Madama Collet, yo me hago responsable, porque he visto y estudiado casos de catalepsia en los hospitales de Alemania. ¡Su esposo de usted, mi amigo y compañero Max Estrella, no está muerto!

LA PORTERA.— ¿Quiere usted no armar escándalo, caballero? Madama Collet, ¿dónde tiene usted un espejo?

BASILIO SOULINAKE.— ¡Es una prueba anti-científica!

EL COCHERO.— Póngale usted un mixto encendido en el dedo pulgar de la mano. Si se consume hasta el final, está tan fiambre como mi abuelo. ¡Y perdonen ustedes si he faltado!

(El cochero fúnebre arrima la fusta a la pared y rasca una cerilla. Acucándose ante el ataúd, desenlaza las manos del muerto y una vuelve por la palma amarillenta. En la yema del pulgar le pone la cerilla luciente, que sigue ardiendo y agonizando. Claudinita, con un grito estridente, tuerce los ojos y comienza a batir la cabeza contra el suelo.)

CLAUDINITA.— ¡Mi padre! ¡Mi padre! ¡Mi padre querido!

ESCENA DECIMACUARTA

(UN PATIO EN EL CEMENTERIO DEL ESTE. La tarde fría. El viento adusto. La luz de la tarde sobre los muros de lápidas tiene una aridez agresiva. Dos sepultureros apisonan la tierra de una fosa. Un momento suspenden la tarea: sacan lumbre del yesquero y las colillas de tras la oreja. Fuman sentados al pie del hoyo.)

UN SEPULTURERO.— Ese sujeto era un hombre de pluma.

OTRO SEPULTURERO.— ¡Pobre entierro ha tenido!

UN SEPULTURERO.— Los papeles lo ponen por hombre de mérito.

OTRO SEPULTURERO.— En España el mérito no se premia. Se premia el robar y el ser sinvergüenza. En España se premia todo lo malo.

UN SEPULTURERO.— ¡No hay que poner las cosas tan negras!

OTRO SEPULTURERO.— ¡Ahí tienes al Pollo del Arete!

UN SEPULTURERO.— ¿Y ese qué ha sacado?

OTRO SEPULTURERO.— Pasarlo como un rey siendo un malasangre. Míralo disfrutando a la viuda de un concejal.

UN SEPULTURERO.— Di un ladrón del ayuntamiento.

OTRO SEPULTURERO.— Ponlo por dicho. ¿Te parece que una mujer de posición se chifle así por un tal sujeto?

UN SEPULTURERO.— Cegueras. Es propio del sexo.

OTRO SEPULTURERO.— ¡Ahí tienes el mérito que triunfa! ¡Y para todo la misma ley!

UN SEPULTURERO.— ¿Tú conoces a la sujeta? ¿Es buena mujer?

OTRO SEPULTURERO.— Una mujer en carnes. ¡Al andar, unas nalgas que le tiemblan! ¡Buena!

UN SEPULTURERO.— ¡Releche con la suerte de ese gatera!

(Por una calle de lápidas y cruces, vienen paseando y dialogando dos sombras rezagadas, dos amigos en el cortejo fúnebre de Máximo Estrella. Hablan en voz baja y caminan lentos, parecen almas imbuidas del respeto religioso de la muerte. El uno, viejo caballero

*con la barba toda de nieve y capa española sobre los
hombros, es el céltico marqués de Bradomín. El otro
es el índico y profundo Rubén Darío.)*

RUBÉN.— ¡Es pavorosamente significativo que al
cabo de tantos años nos hayamos encontrado en
un cementerio!

EL MARQUÉS.— En el camposanto. Bajo ese nombre adquiere una significación distinta nuestro
encuentro, querido Rubén.

RUBÉN.— Es verdad. Ni cementerio ni necró-po-
lis. Son nombres de una frialdad triste y horrible,
como estudiar gramática. Marqués, ¿qué emoción
tiene para usted necrópolis?

EL MARQUÉS.— La de una pedantería académica.

RUBÉN.— Necrópolis para mí es como el fin de
todo, dice lo irreparable y lo horrible, el perecer
sin esperanza en el cuarto de un hotel. ¿Y camposanto? Camposanto tiene una lámpara.

EL MARQUÉS.— Tiene una cúpula dorada. Bajo
ella resuena religiosamente el terrible clarín ex-
traordinario, querido Rubén.

RUBÉN.— Marqués, la muerte muchas veces sería
amable, si no existiese el terror de lo incierto. ¡Yo
hubiera sido feliz hace tres mil años en Atenas!

EL MARQUÉS.— Yo no cambio mi bautismo de cristiano por la sonrisa de un cínico griego. Yo espero ser eterno por mis pecados.

RUBÉN.— ¡Admirable!

EL MARQUÉS.— En Grecia quizá fuese la vida más serena que la vida nuestra...

RUBÉN.— ¡Solamente aquellos hombres han sabido divinizarla!

EL MARQUÉS.— Nosotros divinizamos la muerte. No es más que un instante la vida, la única verdad es la muerte... Y de las muertes, yo prefiero la muerte cristiana.

RUBÉN.— ¡Admirable filosofía de hidalgo español! ¡Admirable! ¡Marqués, no hablemos más de Ella!

(Callan y caminan en silencio. Los sepultureros, acabada de apisonar la tierra, uno tras otro beben a chorro de un mismo botijo. Sobre el muro de lápidas blancas, las dos figuras acentúan su contorno negro. Rubén Darío y el marqués de Bradomín se detienen ante la mancha oscura de la tierra removida.)

RUBÉN.— Marqués, ¿cómo ha llegado usted a ser amigo de Máximo Estrella?

EL MARQUÉS.— Max era hijo de un capitán carlista que murió a mi lado en la guerra. ¿Él contaba otra cosa?

RUBÉN.— Contaba que ustedes se habían batido juntos en una revolución, allá en México.

EL MARQUÉS.— ¡Qué fantasía! Max nació treinta años después de mi viaje a México. ¿Sabe usted la edad que yo tengo? Me falta muy poco para llevar un siglo a cuestas. Pronto acabaré, querido poeta.

RUBÉN.— ¡Usted es eterno, marqués!

EL MARQUÉS.— ¡Eso me temo, pero paciencia!

(Las sombras negras de los sepultureros —al hombro las azadas lucientes— se acercan por la calle de tumbas. Se acercan.)

EL MARQUÉS.— ¿Serán filósofos, como los de Ofelia?

RUBÉN.— ¿Ha conocido usted alguna Ofelia, marqués?

EL MARQUÉS.— En la edad del pavo todas las niñas son Ofelias. Era muy pava aquella criatura, querido Rubén. ¡Y el príncipe, como todos los príncipes, un babieca!

RUBÉN.— ¿No ama usted al divino William?

EL MARQUÉS.— En el tiempo de mis veleidades literarias, lo elegí por maestro. ¡Es admirable! Con un filósofo tímido y una niña boba en fuerza de inocencia ha realizado el prodigio de crear la más bella tragedia. Querido Rubén, Hamlet y Ofelia, en nuestra dramática española, serían dos tipos regocijados. ¡Un tímido y una niña boba, lo que hubieran hecho los gloriosos hermanos Quintero!

RUBÉN.— Todos tenemos algo de hamletos.

EL MARQUÉS.— Usted, que aún galantea. Yo, con mi carga de años, estoy más próximo a ser la calavera de Yorik.

UN SEPULTURERO.— Caballeros, si ustedes buscan la salida, vengan con nosotros. Se va a cerrar.

EL MARQUÉS.— Rubén, ¿qué le parece a usted quedarnos dentro?

RUBÉN.— ¡Horrible!

EL MARQUÉS.— Pues entonces sigamos a estos dos.

RUBÉN.— Marqués, ¿quiere usted que mañana volvamos para poner una cruz sobre la sepultura de nuestro amigo?

EL MARQUÉS.— ¡Mañana! Mañana habremos los dos olvidado ese cristiano propósito.

RUBÉN.— ¡Acaso!

(En silencio y retardándose, siguen por el camino de los sepultureros que, al revolver los ángulos de las calles de tumbas, se detienen a esperarlos.)

EL MARQUÉS.— Los años no me permiten caminar más de prisa.

UN SEPULTURERO.— No se excuse usted, caballero.

EL MARQUÉS.— Pocos me faltan para el siglo.

OTRO SEPULTURERO.— ¡Ya habrá usted visto entierros!

EL MARQUÉS.— Si no sois muy antiguos en el oficio, probablemente más que vosotros. ¿Y se muere mucha gente esta temporada?

UN SEPULTURERO.— No falta faena. Niños y viejos.

OTRO SEPULTURERO.— La caída de la hoja siempre trae lo suyo.

EL MARQUÉS.— ¿A vosotros os pagan por entierro?

UN SEPULTURERO.— Nos pagan un jornal de tres pesetas, caiga lo que caiga. Hoy, a como está la vida, ni para mal comer. Alguna otra cosa se saca. Total, miseria.

OTRO SEPULTURERO.— En todo va la suerte. Eso lo primero.

UN SEPULTURERO.— Hay familias que, al perder un miembro, por cuidarle de la sepultura, pagan uno o dos o medio. Hay quien ofrece y no paga. Las más de las familias pagan los primeros meses. Y lo que es el año, de ciento, una. ¡Dura poco la pena!

EL MARQUÉS.— ¿No habéis conocido ninguna viuda inconsolable?

UN SEPULTURERO.— ¡Ninguna! Pero pudiera haberla.

EL MARQUÉS.— ¿Ni siquiera habéis oído hablar de Artemisa y Mausoleo?

UN SEPULTURERO.— Por mi parte, ni la menor cosa.

OTRO SEPULTURERO.— Vienen a ser tantas las parentelas que concurren a estos lugares, que no es fácil conocerlas a todas.

(Caminan muy despacio. Rubén, meditabundo, escribe alguna palabra en el sobre de una carta. Llegan a la puerta, rechina la verja negra. El marqués, benevolente, saca de la capa su mano de marfil y reparte entre los enterradores algún dinero.)

EL MARQUÉS.— No sabéis mitología, pero sois dos filósofos estoicos. Que sigáis viendo muchos entierros.

UN SEPULTURERO.— Lo que usted ordene. ¡Muy agradecido!

OTRO SEPULTURERO.— Igualmente. Para servir a usted, caballero.

(Quitándose las gorras, saludan y se alejan. El marqués de Bradomín, con una sonrisa, se arrebuja en la capa. Rubén Darío conserva siempre en la mano el sobre de la carta donde ha escrito escasos renglones. Y dejando el socaire de unas bardas, se acerca a la puerta del cementerio el coche del viejo marqués.)

EL MARQUÉS.— ¿Son versos, Rubén? ¿Quiere usted leérmelos?

RUBÉN.— Cuando los haya depurado. Todavía son un monstruo.

EL MARQUÉS.— Querido Rubén, los versos debieran publicarse con todo su proceso, desde lo que usted llama monstruo hasta la manera definitiva. Tendrían entonces un valor como las pruebas de aguafuerte. ¿Pero usted no quiere leérmelos?

RUBÉN.— Mañana, marqués.

EL MARQUÉS.— Ante mis años, y a la puerta de un cementerio, no se debe pronunciar la palabra mañana. En fin, montemos en el coche, que aún hemos de visitar a un bandolero. Quiero que usted me ayude a venderle a un editor el manuscrito de mis memorias. Necesito dinero. Estoy completamente arruinado desde que tuve la mala idea de recogerme a mi pazo de Bradomín. ¡No me han arruinado las mujeres, con haberlas amado tanto, y me arruina la agricultura!

RUBÉN.— ¡Admirable!

EL MARQUÉS.— Mis memorias se publicarán después de mi muerte. Voy a venderlas como si vendiese el esqueleto. Ayudémonos.

Escena Última

(LA TABERNA DE PICA LAGARTOS. Lobreguez con un temblor de acetileno. Don Latino de Hispalis, ante el mostrador, insiste y tartajea convidando al Pollo del Pay-pay. Entre traspiés y traspiés, da la pelma.)

DON LATINO.— ¡Beba usted, amigo! ¡Usted no sabe la pena que rebosa mi corazón! ¡Beba usted! ¡Yo bebo sin dejar cortinas!

EL POLLO.— Porque usted no es castizo.

DON LATINO.— ¡Hoy hemos enterrado al primer poeta de España! ¡Cuatro amigos en el cementerio! ¡Acabose! ¡Ni una cabrona representación de la Docta Casa! ¿Qué te parece, Venancio?

PICA LAGARTOS.— Lo que usted guste, don Latí.

DON LATINO.— ¡El genio brilla con luz propia! ¿Que no, Pollo?

EL POLLO.— Que sí, don Latino.

DON LATINO.— ¡Yo he tomado sobre mis hombros publicar sus escritos! ¡La honrosa tarea! ¡Soy su fideicomisario! Nos lega una novela social, que está a la altura de *Los Miserables*. ¡Soy su fideicomisario! Y el producto íntegro de todas las obras, para la familia. ¡Y no me importa arruinarme publicándolas! ¡Son deberes de la amistad! ¡Semejante al nocturno peregrino, mi esperanza inmortal no mira al suelo! ¡Señores, ni una representación de la Docta Casa! ¡Eso sí, los cuatro amigos, cuatro personalidades! El ministro de la Gobernación, Bradomín, Rubén y este ciudadano. ¿Que no, Pollo?

EL POLLO.— Por mí, ya puede usted contar que estuvo la infanta.

PICA LAGARTOS.— Me parece mucho decir que se halló la política representada en el entierro de don Max. Y si usted lo divulga, hasta podrá tener para usted malas resultas.

DON LATINO.— ¡Yo no miento! ¡Estuvo en el cementerio el ministro de la Gobernación! ¡Nos hemos saludado!

EL CHICO DE LA TABERNA.— ¡Sería Fantomas!

DON LATINO.— Calla tú, mamarracho. ¡Don Antonio Maura estuvo a dar el pésame en la casa del Gallo!

EL POLLO.— José Gómez, Gallito, era un astro, y murió en la plaza, toreando muy requetebién, porque ha sido el rey de la tauromaquia.

PICA LAGARTOS.— ¿Y Terremoto, u séase Juan Belmonte?

EL POLLO.— ¡Un intelectual!

DON LATINO.— Niño, otra ronda. ¡Hoy es el día más triste de mi vida! ¡Perdí un amigo fraternal y un maestro! Por eso bebo, Venancio.

PICA LAGARTOS.— ¡Que ya sube una barbaridad la cuenta, don Latí! Tantéese usted, a ver el dinero que tiene. ¡No sea caso!

DON LATINO.— Tengo dinero para comprarte a ti, con tu tabernáculo.

(Saca de las profundidades del carrik un manojo de billetes y lo arroja sobre el mostrador, bajo la mirada torcida del chulo y el gesto atónito de Venancio. El chico de la taberna se agacha por alcanzar entre las zancas barrosas del curda un billete revolante. La niña Pisa Bien, amurriada en un rincón de la tasca, se retira el pañuelo de la frente y, espabilándose, fisga hacia el mostrador.)

EL CHICO DE LA TABERNA.— ¿Ha heredado usted, don Latí?

DON LATINO.— Me debían unas pocas pesetas, y me las han pagado.

PICA LAGARTOS.— No son unas pocas.

LA PISA BIEN.— ¡Diez mil del ala!

DON LATINO.— ¿Te deben algo?

LA PISA BIEN.— ¡Naturaca! Usted ha cobrado un décimo que yo he vendido.

DON LATINO.— No es verdad.

LA PISA BIEN.— El 5.775.

EL CHICO DE LA TABERNA.— ¡Ese mismo número llevaba don Max!

LA PISA BIEN.— A fin de cuentas, no lo quiso, y se lo llevó don Latí. Y el tío roña, aún no ha sido para darme la propi.

DON LATINO.— ¡Se me había olvidado!

LA PISA BIEN.— Mala memoria que usted se gasta.

DON LATINO.— Te la daré.

LA PISA BIEN.— Usted verá lo que hace.

DON LATINO.— Confía en mi generosidad ilimitada.

(El chico de la taberna se desliza tras el patrón, y a hurto, con una seña disimulada, le tira del mandil. Pica Lagartos echa la llave al cajón y se junta con el chaval en la oscuridad donde están amontonadas las *corambres. Hablan expresivos y secretos, pero atentos al mostrador con el ojo y la oreja. La Pisa Bien le guiña a don Latino.)*

LA PISA BIEN.— ¡Don Latí, me dotará usted con esas diez mil del ala!

DON LATINO.— Te pondré piso.

LA PISA BIEN.— ¡Olé, los hombres!

DON LATINO.— Crispín, hijo mío, una copa de anisete a esta madama.

EL CHICO DE LA TABERNA.— ¡Va, don Latí!

DON LATINO.— ¿Te estás confesando?

LA PISA BIEN.— ¡Don Latí, está usted la mar de simpático! ¡Es usted un flamenco! ¡Amos, deje de pellizcarme!

EL POLLO.— Don Latino, pupila, que le hacen guiños a esos capitales.

LA PISA BIEN.— ¡Si llevábamos el décimo por mitad! Don Latí una cincuenta, y esta servidora de ustedes, seis reales.

DON LATINO.— ¡Es un atraco, Enriqueta!

LA PISA BIEN.— ¡Deje usted las espantás para el calvorota! ¡Vuelta a pellizcarme! ¡Parece usted un chivo loco!

EL POLLO.— No le conviene a usted esa gachí.

LA PISA BIEN.— En una semana lo enterraba.

DON LATINO.— Ya se vería.

EL POLLO.— A usted le conviene una mujer con los calores extinguidos.

LA PISA BIEN.— A usted le conviene mi mamá. Pero mi mamá es una viuda decente, y para sacar algo, hay que llevarla a la calle de la Pasa.

DON LATINO.— Yo soy un apóstol del amor libre.

LA PISA BIEN.— Usted se ajunta con mi mamá y conmigo para ser el caballero formal que se anuncia en *La Corres*. Precisamente se cansó de dar la pelma un huésped que teníamos, y dejó una alcoba, para usted la propia. ¿Adónde va usted, don Latí?

DON LATINO.— A cambiar el agua de las aceitunas. Vuelvo. No te apures, rica. Espérame.

LA PISA BIEN.— Don Latí, soy una mujer celosa. Yo le acompaño.

(Pica Lagartos deja los secretos con el chaval, y en dos trancos cruza el vano de la tasca. Por el cuello del carrik detiene al curda en el umbral de la puerta. Don Latino guiña el ojo, tuerce la geta, y desmaya los brazos haciendo el pelele.)

DON LATINO.— ¡No seas vándalo!

PICA LAGARTOS.— Tenemos que hablar. Aquí el difunto ha dejado una pella que pasa de tres mil reales —ya se verán las cuentas— y considero que debe usted abonarla.

DON LATINO.— ¿Por qué razón?

PICA LAGARTOS.— Porque es usted un vivales, y no hablemos más.

(El Pollo del Pay-pay se acerca ondulante. A intento, deja ver que está empalmado, tose y se rasca ladeando la gorra. Enriqueta tercia el mantón y ocultamente abre una navajilla.)

EL POLLO.— Aquí todos estamos con la pupila dilatada, y tenemos opción a darle un vistazo a ese kilo de billetaje.

LA PISA BIEN.— Don Latí se va a la calle de ganchete con mangue.

EL POLLO.— ¡Fantasía!

PICA LAGARTOS.— Tú, pelmazo, guarda la herramienta y no busques camorra.

EL POLLO.— ¡Don Latí, usted ha dado un golpe en el banco!

DON LATINO.— Naturalmente.

LA PISA BIEN.— ¡Que te frían un huevo, Nicanor! A don Latí le ha caído la lotería en un décimo del 5.775. ¡Yo se lo he vendido!

PICA LAGARTOS.— El muchacho y un servidor lo hemos presenciado. ¿Es verdad, muchacho?

EL CHICO DE LA TABERNA.— ¡Así es!

EL POLLO.— ¡Miau!

(Pacona, una vieja que hace celestinazgo y vende periódicos, entra en la taberna con su hatillo de papel impreso, y deja sobre el mostrador un número de El Heraldo. Sale como entró, fisgona y callada. Solamente en la puerta, mirando a las estrellas, vuelve a gritar su pregón.)

LA PERIODISTA.— ¡Heraldo de Madrid! ¡Corres! ¡Heraldo! ¡Muerte misteriosa de dos señoras en la calle de Bastardillos! ¡Corres! ¡Heraldo!

(Don Latino rompe el grupo y se acerca al mostrador, huraño y enigmático. En el círculo luminoso de la lámpara, con el periódico abierto a dos manos, tartamudea la lectura de los títulos con que aderaza el reportero el suceso de la calle de Bastardillos. Y le miran los otros con extrañeza burlona, como a un viejo chiflado.)

LECTURA DE DON LATINO.— El tufo de un brasero. Dos señoras asfixiadas. Lo que dice una vecina. Doña Vicenta no sabe nada. ¿Crimen o suicidio? ¡Misterio!

EL CHICO DE LA TABERNA.— Mire usted si el papel trae los nombres de las gachís, don Latí.

DON LATINO.— Voy a verlo.

EL POLLO.— ¡No se cargue usted la cabezota, tío lila!

LA PISA BIEN.— Don Latí, vámonos.

EL CHICO DE LA TABERNA.— ¡Aventuro que esas dos sujetas son la esposa y la hija de don Máximo!

DON LATINO.— ¡Absurdo! ¿Por qué habían de matarse?

PICA LAGARTOS.— ¡Pasaban muchas fatigas!

DON LATINO.— Estaban acostumbradas. Solamente tendría una explicación. ¡El dolor por la pérdida de aquel astro!

PICA LAGARTOS.— Ahora usted hubiera podido socorrerlas.

DON LATINO.— ¡Naturalmente! ¡Y con el corazón que yo tengo, Venancio!

PICA LAGARTOS.— ¡El mundo es una controversia!

DON LATINO.— ¡Un esperpento!

EL BORRACHO.— ¡Cráneo *previlegiado*!

ÍNDICE